Otto W. Bringer

Alt wie Methusalem

Nur eine Redensart?

Erschienen bei tredition GmbH, Hamburg
978-3-7439-1036-2 (Paperback)
978-3-7439-1037-9 (Hardcover)
978-3-7439-1038-6 (e-Book)

Bibliografische Information der Deutschen Nationalbibliothek:
Die Deutsche Nationalbibliothek verzeichnet diese Publikation in der Deutschen Nationalbibliografie; detaillierte bibliografische Daten sind im Internet über http://dnb.d-nb.de abrufbar.

Inhalt:

Leben und Überleben

Das Stichwort Methusalem liefert uns den Anlass, über so Essentielles wie Leben nachzudenken: Was verstehen wir unter Leben und was unter Überleben? Hier ist nicht gemeint, einen Unfall zu überleben. Sondern Weiterleben nach dem physischen Tod. Den Tod also überleben. Jedes hat viele Aspekte, aber einen gemeinsamen Nenner: Lebendig sein und lebendig bleiben. Von beidem ist in diesem Buch die Rede. Weil eins vom anderen abhängig ist. In beidem stecken Scheitern und Chance. Vorab in ihren Grundzügen betrachtet, später mit zahlreichen Beispielen aus vieltausendjähriger Menschheitsgeschichte. Ausgewählt und erzählt vom Autor dieses Buches.

Das Leben auf dieser Erde. Gesund sein und bleiben an erster Stelle. Voraussetzung für ein langes Leben. Obwohl wir nicht alles in der Hand haben, bleibt doch einiges. Sich gesund ernähren. Mit Naturprodukten pflegen. Gesundheit das dominante Thema in der Öffentlichkeit. Kein anderes so wichtig. Keines so kontrovers. Aus der Sicht von Herstellern, die in ihrer Werbung den Nutzen des Fortschritts betonen. Der von Naturaposteln, die „Zurück zu alten Zeiten" fordern. Der verunsicherte Bürger zweifelt.

Bio verspricht Rettung aus diesem Dilemma. In allen Geschäften immer mehr Bio-Produkte. Und solche aus den ländlichen Gebieten in der Region. Mit und ohne Zertifikat. Wir beruhigen uns und denken, wir bleiben gesund. Müssen aber zur Kenntnis nehmen, dass nicht überall Bio drin ist wo Bio drauf steht. Food-Watch hat es ermittelt. Auf was können wir uns denn verlassen? Bei der unermesslichen Zahl von Lebensmitteln und Pflegeprodukten im Angebot von Läden und Internet.

Was bleibt uns? Naturkostläden, Rosenkohl im eigenen Garten statt Rosen? Der Ratschlag von Großmüttern, wenn sie noch leben? Genauer hinsehen hilft in jedem Fall. Das Beispiel von Winzern sagt, was damit gemeint ist. Sie praktizieren Pflanzenschutz anders als üblich, düngen mit organischem Kompost. Begrünen den Boden zwischen Rebenreihen artenreich. Lebensraum für Nützlinge. Spinnentiere und Marienkäfer fressen Schädlinge. Insektizide, die unserer Gesundheit schaden, sind überflüssig. Immer mehr Winzer folgen solchen Methoden. Holen sich Rat bei Önologen und bringen Weine auf den Markt, die in Maßen genossen, keine Kopfschmerzen verursachen. Oder Herzklopfen. Und trotzdem lecker schmecken. Ein Glas Rotwein am Tag soll das Leben verlängern.

Am besten hört jeder auf seinen eigenen Körper. Wirklich wohl fühlt er sich nur bei ausgewogener Ernährung. Auch der kritische Blick in den Spiegel hilft, Abnormitäten zu sehen und versuchen, sie abzustellen. Lecker schmecken darf, nein, muss alles sowieso. Um glücklich zu sein. Voraussetzung für den Wunsch, möglichst lange zu leben.

Chancen länger zu leben als der Durchschnitt haben auch Sie, wenn Sie gesegnet sind mit optimistischer Weltsicht und Humor. Den Sie nicht verlieren, wenn´s Ihnen schlechter geht. Der Tod eines nahen Angehörigen Sie nicht aus der Fassung bringt. Ein guter Arzt hilft, Beschwerden des Alters auszuhalten. Positiv denken eine kostenlose Droge, die hilft länger zu leben. Krankheit und Tod verlieren ihre Relevanz. Sich bewusst machen, alles ist lebenswert: Lieben, leiden, Kinder in die Welt setzen, Geld verdienen und Spaß haben am Spiel. Fußball, Klavier oder Mensch ärgere dich nicht. Jeanne Louise Calment, von der später die Rede ist, mit 122 Jahren ein überzeugendes Vorbild.

Das Leben nach dem Tod. Erbanlagen, Erziehung und soziales Umfeld haben Sie werden lassen, der Sie sind. Sie können länger leben, wenn Sie es so verstehen: Leben heißt lebendig sein und lebendig bleiben. Mit allem was Sie sind und waren, bevor Sie sich verabschieden. Physisch und intellektuell in Kindern, die Ihnen ähnlich sehen. In den Herzen derer, die Sie lieben und nicht vergessen, was Sie ihnen Gutes getan. Sie leben so lange, wie man Ihre Rezepte nutzt. Ihre Enkel das Jäckchen tragen, das Sie für sie strickten. Bis ins Mannesalter mit der Märklin-Eisenbahn spielen, die Sie ihnen zum 10. Geburtstag schenkten. Solange Menschen Ihr Talent bewundern. Die aus Ton geknetete Figur sehen auf dem geerbten Vertiko.

Sind Sie ein Genie, werden Ihre Erfindungen genutzt. Ihre Bilder oder Skulpturen in Museen bestaunt, Ihre Songs und Symphonien gehört oder Ihre Romane noch lange gelesen. Ihre Erfindung genutzt. Steht in den Annalen, dass Sie mit einer neuen Idee die Firma aus konjunkturellem Tief retteten, leben Sie. Solange Menschen Nutznießer gesellschaftlichen oder sozialen Fortschritts sind, die Sie initiierten. Andere Ihren moralischen oder weltanschaulichen Prinzipien folgen. In diesem Buch finden Sie Menschen, die im beschriebenen Sinne etliche Jahre länger lebten. Jahrtausende sogar. Ob es den Himmel gibt, in dem Sie weiterleben könnten, müssen Sie schon glauben.

Ein letzter Gedanke noch: Der Mensch ist nicht nur gut, auch böse. Mit Auswirkungen im Leben hier und nach dem Tod. Sie sind nicht zu leugnen und deshalb

Thema auch in diesem Buch. „Edel sei der Mensch, hilfreich und gut" mahnt Goethe. Beispiele von Massenmördern zeigen das andere Extrem. Mensch lässt andere Menschen töten. Aus Machtgier, Sadismus oder falsch verstandener Religion und Weltanschauung. Von Nazis und Kommunisten, Islamisten. Christen nicht ausgenommen.

Aber auch nicht nur so spektakuläre Fälle waren oder sind Realität. Menschen, die egoistisch sind, Vorurteile pflegen. Mehr oder weniger ausgeprägt. Mehr oder weniger folgenreich. Wieder kann Goethe zitiert werden. Sein Faust bekennt: „Zwei Seelen wohnen ach! In meiner Brust". Auch Egoismus und Vorurteil sind Teil des menschlichen Charakters. Denn meist ist die Angst zu verlieren ihre Ursache. Angst die stärkste aller Emotionen.

Angst, zu verlieren, was man besitzt oder glaubt darauf einen Anspruch zu haben. Angst vor Veränderungen und Überfremdung. Priester predigen Nächstenliebe. Populisten nutzen es aus: „Flüchtlinge nehmen uns die Arbeitsplätze weg". Im antiken Griechenland waren es die persischen Eroberer. Seit Jahrzehnten der Bruderkrieg zwischen Juden und Arabern. Diktiert vom Glauben, Gott oder Allah gibt ihnen das Recht, Land wegzunehmen oder zu töten. Egoismus und Vorurteil gibt es seit mehr als ein Mensch die Erde bevölkert. Kain erschlug seinen

Bruder Abel. Im Glauben, Gott liebte ihn mehr als ihn.

Paradebeispiel immer noch für Gut und Böse in jedem Menschen. Mit Konsequenzen für das Weiterleben nach dem Tod. Als Wohltäter oder Übeltäter im Buch der Geschichte. Und, wer es glaubt: Die Guten belohnt mit ewiger Seligkeit im Himmel. Die Bösen bestraft mit ewigen Höllenqualen. Sokrates, der große antike Philosoph antwortete auf die Frage, ob er an Gott und Himmel glaube:

„Die Götter belohnen mein Bemühen, anständig zu leben mit ewigem Glück. Gibt es keine Götter, habe ich wenigstens anständig gelebt".

Sokrates nach zweieinhalbtausend Jahren so aktuell wie damals. Vorbild für alle Menschen, ob sie glauben

Methusalem

Methusalem ist eine Gestalt im Alten Testament. Sprichwörtlich geworden wegen seines hohen Alters. Das 1. Buch Mose 4 beschreibt ihn als Sohn des Henoch und Großvater Noahs. Der in einem schwimmenden Haus seine Familie und alle Tiere vor dem Tod in der Sintflut rettete. Sinnbildlich alles Leben auf dieser Erde. Methusalem soll laut Bibel mit 187 Jahren Lamech gezeugt haben, und danach noch viele Söhne und Töchter. Mit mehreren Frauen. Überlebte sie und starb mit 949 Jahren. Weiß Gott ein unvorstellbares Alter. Kein Wunder, dass Methusalem für uns das Maximum von Lebenszeit bedeutet.

Nimmt man diese Altersangaben wörtlich, vergleicht sie mit den Lebensdaten Noahs und der Sintflut, ist Methusalem kurz vor oder während der Zeit des großen Wassers gestorben. In griechisch-und russischorthodoxen Bibeln wird sein Alter mit 720 oder 969 genannt.

Die in der Bibel genannten Zahlen werden immer wieder bezweifelt. Weil sie unrealistisch sind. Jered soll 962 Jahre alt geworden sein. Adam und Noah beide 950. Andere Texte widersprechen solchen Angaben. Jüdisches Tanach und christliches Altes Testament beschreiben in Genesis, 1. Buch Mose 4 die Schöpfungsgeschichte. Danach habe Gott geplant, das Alter des Menschen auf 120 Jahre zu begrenzen. Ein Alter, das von Menschen erreicht werden kann.

Himmelfahrt Enochs, Methusalems Vater. Illustration in der sogenannten Mortier-Bibel 18. Jhd.

Altersangaben können auf Rechenfehlern beruhen. Oder auf der Basis von Mondphasen berechnet sein. Ein Mondjahr ist folglich 12 Mal länger als unser Jahr, das nach der Sonnenphase berechnet ist. Methusalem wäre nach unseren Berechnungen nur 79 Jahre alt geworden. Bilder dieser Veteranen gibt es nur in der bildenden Kunst. Dargestellt wie Menschen der jeweiligen Epoche. Leider keines von Methusalem gefunden, nur von Henoch, seinem Vater. Als sein Erzeuger und damit nächster Verwandter Methusalems rechtfertigt es sein Bild in diesem Buch. Altersangaben und Himmelfahrt bezweifeln Wissenschaft und nüchterne Zeitgenossen. Was nicht nur auf die genannten zutrifft. Außerdem:

Es geht hier nicht um wahr oder nicht wahr. Glauben oder nicht glauben. Wissenschaftlich korrekt oder nicht. Sondern darum, dem oft uneingestandenen Wunsch aller Menschen auf die Spur zu kommen. Länger zu leben als es möglich scheint. Wissen und eigene Erfahrungen erwarten lassen. Die im Buch beschriebenen Beispiele zeigen viele unterschiedliche Facetten dieses Menschheitstraums.

Theologen und Religionswissenschaftler nehmen an, dass in biblischen Zeiten ein hohes Alter bedeutete, man hatte Achtung und Respekt vor alt gewordenen Menschen. Um es zu bekunden, bezifferte man ihr

Alter mit einer dreistelligen Zahl. Erste mündliche Überlieferungen wurden von späteren Bibelschreibern übernommen. Evangelikale und Zeugen Jehovas nehmen die Bibel wörtlich.

Der älteste Mensch

Jeanne Louise Calment beweist, dass Menschen älter werden können als es die Norm ist. Nicht, weil sie eine neue Idee hatte, mit der sie bei den Menschen weiterlebt. Wie Herr Zeppelin zum Beispiel. Jeanne Louise war ein Mensch aus Fleisch und Blut. Mit gesundem Verstand und Witz. Alt geworden wie bis anhin niemand. Geboren in Arles, Provence am 21. Februar 1875, also eine Widderfrau. Glaubt man den Sternzeichen, lebenstüchtig. Ein Mensch der Tat, überzeugt von sich selbst machte sie das, was zu tun war. Positiv ihre Sicht der Dinge. Gestorben am 4. August 1997 mit 122 Jahren. Bevor ich Ihnen erzähle, wie dieses bis dahin höchst erreichte Lebensalter die ganze Welt beschäftigt hat, ihre Vita.

Jeanne war die Tochter des Schiffbauers Niclas und seiner Frau Marguerite Calment, geb. Gilles. Sie entstammt einer Müllerfamilie. Beide erfolgreich und vermögend. Jeanne heiratete am 8. April 1896 Fernand Nicolas Calment, einen Vetter zweiten Grades. Ihre Großväter waren Brüder. Sie werden sich wundern, dass von einer einfachen Frau aus dem Volk so viele Daten bekannt sind? Sie war berühmt und nicht auf den Mund gefallen.

Fernand, ihr Mann ein vermögender Ladenbesitzer. Sie brauchte nie zu arbeiten wie andere Ehefrauen. Führte ein geruhsames Leben. Ging ihren Hobbys nach. Spielte Tennis, fuhr auf einem der ersten Zweiräder, schwamm in freien Gewässern. Rollschuhlaufen ihre liebste Beschäftigung. Was man nicht vermutet, sie folgte ihren musikalischen Neigungen. Spielte auf einem Klavier der damals verbreiteten Marke Pleyel, besuchte regelmäßig die Oper.

Ist daraus zu schließen, dass Kultur, geruhsamer Alltag und positive Gene Voraussetzung für ein langes Leben sind? Könnte einer von mehreren Gründen sein. Der frühe Tod ihrer Liebsten hatte sie jedenfalls nicht aus der Bahn geworfen. Ihren Blick in die Zukunft gelenkt.

Tochter Yvonne starb 1934 an einer Lungenentzündung. Ihr Mann 1942 an verdorbenem Eingemachten. In einem Interview erinnert sie ein Kirsch-Dessert. Enkel Frédéric, den sie nach dem Tod seines Vaters groß zog und Medizin studieren ließ, verunglückte 1963 bei einem Motorradunfall. Zwei Jahre nach seinem Tod verkaufte die damals 88jährige ihre Wohnung an den Rechtsanwalt André-Francois Raffray gegen eine monatliche Rente von 2500 Francs. Zog in ein Altenheim. Nach Francois´ Tod bekam sie die Rente von seiner Frau bis zu deren Tod. Jeanne hatte zu dem Zeitpunkt den mehrfachen Wert ihrer Wohnung in bar eingenommen.

Jeanne Louise Calment auf einem Foto der 23jährigen. 122 Jahre geworden, ältester Mensch bisher.

International bekannt wurde sie, als sie, 112 Jahre alt, interviewt wurde. Erzählte, sie sei 1889 im Alter von 14 Jahren dem Maler Vincent van Gogh begegnet. Der im Laden eines späteren Verwandten Leinwände, Farben und Pinsel kaufte. Erinnert sich nur an einen schmutzigen, schlecht gekleideten und unhöflichen Menschen. Auch noch an den Bau des Eiffelturms 1889 in Paris. Anlässlich des 100sten Jahrestages der Französischen Revolution.

Nach einem Interview 1990 sprach ihr das Guinness-Buch der Rekorde den Titel des ältesten lebenden Menschen zu. Musste ihn kurz darauf der Amerikanerin Carry White übergeben. Später stellte sich heraus, dass deren Lebensdaten unkorrekt angegeben waren. Carry starb 1991 und Jeanne bekam den Titel zurück.

Im selben Jahr hatte sie einen kurzen Auftritt in dem Film „Vincent et mois" - Vinzent und ich. 1995 folgte der Dokumentarfilm: „Au delà de 120 ans avec Jeanne Calment" - Jenseits der 120 Jahre mit Jeanne Calment. 1996 eine CD: „Maitraisse du temps" - Herrin der Zeit. Erzählte ihre Geschichte, unbeirrt von Techno-Rhythmen im Hintergrund. Mit den erhaltenen Honoraren finanzierte sie ein paar Kleinbusse für ihr Altenheim. Nach ihrem Tod 1997 nannte man es deshalb „Jeanne Calment-Altenheim". Lebt also mindestens so lange wie dieses Heim existiert,

Vorbild ist für positives Denken und Handeln. Sie starb mit 122 Jahren und 14 Tagen. Der längsten bis heute validierten Lebensspanne eines Menschen. Ihr Fall wurde unter allen Supercentenariens am umfassendsten dokumentiert.

Es ist nachgewiesen, dass positive Lebensphilosophie und Humor ihr Leben verlängert haben. Einem Altersforscher antwortete sie auf die Frage: Haben Sie ein Rezept für ein langes Leben: „Ich habe mit 119 das Rauchen eingestellt." Einem Reporter im selben Jahr auf die Frage: „Habe ich das Glück Sie im nächsten Jahr wiederzusehen." „Warum denn nicht, Sie sehen doch ganz gesund aus." Fast blind und schwerhörig im Rollstuhl sitzend unmissverständlich ausgesprochene Selbstverständlichkeiten.

Vorläufige Schlussfolgerung:

Man darf daraus schließen, dass Menschen sehr alt werden können wie Jeanne Calment. Wenn die mentalen, emotionalen Voraussetzungen und entschlossenes Handeln so sind wie bei ihr. Die Medizin hilft auch weiterhin, Geist und Körper lange gesund zu erhalten. So wie sie es fertig brachte im letzten Jahrhundert die durchschnittliche Lebenszeit, statistisch gesehen, zu erhöhen. Dramatisch sogar, denkt man an die Lebenserwartung der Menschen im Mittelalter. Sie starben meist schon bevor sie erwachsen waren. Weil sie nicht genug zu essen hatten. Pest wütete und Cholera, Kriege. Oder das kirchliche Gericht der Inquisition in ungezählten Fällen angeblicher Hexerei. Die Jungfrau von Orleans erstes Beispiel für ein Leben nach dem Tod.

Die **Jungfrau von Orleans**, nationales Symbol für Freiheit, starb 1431 auf dem Scheiterhaufen in Rouen. Weil sie in den Augen der kirchlichen Wächter Gott gelästert hat. Vierundzwanzig Jahre später hob die Kurie, geplagt von schlechtem Gewissen, das Urteil auf und machte sie zur Märthyrerin. 1920 sprach sie Papst Benedict XV Heilig.

Johanna lebt immer noch. So lange, wie ihre Fans begeistert sind. Lebt im katholischen Heiligenkalender. Im Pflichtfach Geschichte an den Schulen. In Romanen. Auf vielen Bühnen in Brechts „Die heilige Johanna der Schlachthöfe", Schillers „Jungfrau von Orleans". Neuerdings im Song „Joanni" von Kate Bush. Methusalem, sprichwörtliches Vorbild für alles was lange lebt und leben möchte.

Die Jungfrau von Orleans, in einer zeitgenössischen Minia-
turmalerei ca. 1390

Immer noch in den Köpfen derer, die von einem langen Leben träumen. Ewig möge es dauern, der Wunsch aller Verliebten. Kein Ende haben der Traum der Geldvermehrer. Des Schauspielers am Burg-Theater. Goethes Faust, Schillers Karl Moor, Shakespeares Shylok im Kaufmann von Venedig zu spielen. Bis zum Sanktnimmerleinstag. Gesund und fit möglichst lange, Wunsch und Hoffnung jedes Menschen.

Wir denken alle ungern ans Sterben. Dabei ist der Weg dorthin chancenreicher als man sich vorstellt. Jeder kann ihn nutzen, um ein längeres Leben vorzubereiten. Nicht nur physisch mit positiver Weltsicht, Humor und gesunder Ernährung, der Aufmerksamkeit eines Arztes. Sondern mit einem vorbildlichen Leben, das Kinder und Enkel motiviert, auch so zu leben. Sie also geistig weiter leben.

Möglicherweise wenn Sie begabt sind, mit einer neuen Idee. Der Erfindung eines Laserstrahls, der in den Gehirnen von Pferden Gene eines Dinausauriers aufspürt. Der Entdeckung des 55sten Jupitermondes. Oder mit einer Botschaft, die Menschen so begeistert, dass sie sie in einem goldenen Buch verewigen. Verbindlich für alle, die es glauben. Missionare in die Welt senden, auf dass sie ihnen folgt. Religionsstifter sind solche Phänomene. Sie leben lange in Büchern und Bildern der Kunst. Wirksamer in Köpfen und

Herzen der Menschen. Mit ihren Glaubensbotschaften. So lange wie Menschen zu glauben imstande sind. Einige sind bereits Jahrtausende lang lebendig. Jesus von Nazareth einer von zehn bisher bekannten Religionsstiftern. Wer weiß, was sich Menschen noch einfallen lassen. Ihn weiter leben zu lassen. Oder einen anderen als ihren Gott anbeten.

Religionsstifter

Es werden zehn genannt. Seit dem 2. Jahrtausend vor Christus etwa haben sie die Welt verändert. Gemeinsam ist allen das Weiterleben nach dem Tod. Millionen Anhänger gefunden. Ihre Schriften in viele Sprachen übersetzt. Und damit Ewigkeitswert bekommen. Ihre Botschaften und damit sie als Person leben so lange, wie Menschen an sie glauben. Sie verinnerlichen, zur Maxime ihres eigenen Lebens machen. Und so Generationen nach Generationen bis ans Ende aller Tage. Religionsstifter leben folglich so lange, wie Menschen ihrer Lehre anhängen.

Sie, verehrter Leser, verehrte Leserin könnten theoretisch ein neuer Stifter, eine neue Stifterin sein. Hätten Sie die Idee, Menschen von einem neuen Gott zu überzeugen. Menschen Ihrer Zeit, deren Kinder und Kindeskinder. Sie selber lebten so lange wie ihre Nachfolger, Priester und Gläubige. Die Pharaonen im alten Ägypten schufen von Zeit zu Zeit aus politischen Gründen neue Götter. Die viele Jahrhunderte lebten. Und sie selbst mit ihnen als Spiegelbild ihres Gottes auf Erden. In berühmten Skulpturen und Handschriften. Viel länger jedenfalls als Sie es für sich erwarten können. Trotzdem: Welche Perspektive!

Beginnen wir mit *Zarathustra*, dem ersten bekannten Religionsstifter. Einer der historisch nachgewiesenen. Religionsstiftungen vorwiegend in fernöstlichen Ländern wurden Menschen mit der Aura eines Heiligen zugeschrieben. Deren Lehren man folgte. Von weisen Worten beeindruckt. Zarathustra, „der Lehrer aller Lehrer" genannt.

Seine Lebensdaten sind nicht genau bekannt. Man schätzt aus Material, Stil und Inhalt überlieferter Schriften er lebte im 18. bis 17. Jahrhundert v. Chr. Jahr und Monat seiner Geburt fehlen. Sternzeichen unbekannt. Über seinen Charakter, seine Lehre ist nur so viel bekannt, wie in ihrer Bibel, „Zend-Avesta" genannt, zu lesen ist. Vorausgesetzt, man beherrscht die Pahlavi-Schrift. Bis heute liegt keine gültige Übersetzung der schwer identifizierbaren siebzehn „Gathas" vor. Theologische Schriften über Gott und die Welt. Lebensparadigma heute noch für 120000 - 150000 Menschen in Teilen des Irans, Indiens und den USA. Zarathustra ist damit lebendig, nicht tot.

Seine Religion ist monotheistisch. Das heißt: es gibt nur einen Gott. Ein Geist in zwei Personen, der also ein Zwilling ist. Im Gegensatz zur großen Götterwelt Indiens, Malaysias, des antiken Roms und Griechenlands. Und vielen Ländern überall in der Welt, in denen eine monotheistische Religion noch keinen Einfluss hat.

先师孔子像——杨付涛刻制

Zarathustra, neuzeitliche Illustration in der Manier traditioneller chinesischer Holzschnitte.

In Zarathustras Lehre prägt der Kampf zwischen Gut und Böse den Glauben. Siegen wird das Gute am Tag des „Jüngsten Gerichtes". Bis dahin haben die Menschen die Wahl, sich für Gut oder Böse zu entscheiden. Der rechte Weg ist die Wahrhaftigkeit. Drei Grundsätze des Glaubens sind: Gute Gedanken, gute Worte, gute Taten.

Ahura Mazda, der weise Geist, in anderen Religionen Gott genannt, schuf die Welt auf dem Fundament dieser Grundsätze. Anschaulich gemacht mit dem Beispiel von Zwillingen. Dem guten Geist „Spenta Mainyu" und dem bösen „Angra Mainyu". Durch deren Zusammenwirken besteht die Welt. Mensch kann sich frei entscheiden für das Gute, das Böse. Kann vergeben oder hassen. Sollte sich nicht von seinen Instinkten leiten lassen. Sondern durch Einsicht zu höchster Erkenntnis gelangen.

Es kommt einem alles bekannt vor. Das Christentum mit Jesus, dem Erlöser von allem Übel. Alle Religionen haben einen gleichen Grundkonsens. Die gleiche Kenntnis von der Natur des Menschen, Goethe fällt mir wieder ein: „Zwei Seelen wohnen, ach! in meiner Brust - doch lerne nie die andre kennen". In jedem Theaterstück, von Aischylos mit seiner Tragödie „Der gefesselte Pometheus" bis Sophokles' „Elektra". Shakespeares „Kaufmann von Venedig", Goethes „Faust". In allen Stücken kämpft das Gute gegen das Böse. Es muss etwas dran sein an dieser Definition des Menschen. Sodass sie Grundlage jeder Theologie wurde.

Über Nietzsches eigensinnige Zarathustrainterpretation könnte ich noch viel schreiben. Es würde den Rahmen sprengen. Andere, bedeutendere Religionsstifter wollen noch zu Wort kommen. Personen der Weltgeschichte, die noch lebendig sind für Millionen Gläubige.

Mose gilt als Stifter des Judentums. Etwa 1200 vor Christus. Jeder, der vom Alten Testament gehört oder gelesen hat, kennt die Geschichte von Moses Tafeln auf dem Berg Sinai. Auf denen die Gesetze ihres Gottes Jahwe eingemeißelt waren. Wie es bildhaft heißt. Die zehn Gebote kennt jeder, der den Religionsunterricht nicht geschwänzt hat. Für 130 -150 Millionen Juden weltweit ist Mose nicht tot, sondern lebendig im Glauben. In den gehüteten Texten der Thora. In Werken vieler Künstler sind jüdische Art und Geschichte auch ein Thema. Den Skulpturen der Bildhauer, Bildern unzähliger Maler und Zeichner. In Shakespeares „Kaufmann von Venedig". Thomas Manns Roman „Josef und seine Brüder". Im Fragment der Oper „Moses und Aron" von Arnold Schönberg.

Vier unterschiedliche Auslegungen des Judentums sind nachweisbar. Die ultraorthodox-messianische, chassidische, laizistische und eine reformierte. Als Erster formulierte der jüdische Philosoph und Arzt Maimonides 1204 die Lehre des Judentums in dreizehn Glaubensartikeln. Maimonides nannte er sich, statt Mosche (Moses). Griechisch war über Jahrhunderte die Sprache der Wissenschaft. Er wird bis heute als der bedeutendste jüdische Gelehrte verehrt.

Zum Verständnis der jüdischen Glaubenslehre hier die dreizehn Glaubensprinzipien. Sie sind leicht nachzuvollziehen, weil sie der christlichen Lehre ähnlich sind. Bis auf Messias, der noch kommen soll. Bei den Christen ist er bereits schon geboren im Jahre Null. Als Retter der Welt gepriesen und angebetet. Die jüdischen Prinzipien im Originaltext:

Mose auf dem Grabmal Papst Julius II. in San Pietro Rom.
Marmorskulptur von Michelangelo Buonarotti 1520
1. Das Dasein Gottes - 2. Seine Einheit - 3.- Seine Nicht-
körperlichkeit - 4. Seine Ewigkeit - 5. Die Pflicht, ihn allein
anzubeten - 6. Die Tatsache der Prophetie - 7. Die Überle-
genheit Mosches (Moses) über alle anderen Propheten - 8. Die
Göttlichkeit der Thora (Gebetsrolle mit den fünf Büchern der
jüdischen Bibel) - 9. Ihre Unveränderlichkeit - 10. Die göttli-
che Allwissenheit - 11. Lohn und Strafe - 12. Das Kommen
des Messias - 12. Die Auferstehung.

Mehr Juden als man annimmt glauben an Moses Gesetze und feiern den Schabat als Ruhetag. Auch junge Menschen. Vielleicht, weil sie sich nach dem Holocaust als Gemeinschaft stärker fühlen. Leben ihren Alltag wie andere in der Welt auch. Bei Gottesdiensten tragen sie eine Kippah, Zeichen der Ehrfurcht vor Gott. Nur Ultraorthoxe demonstrieren ihren Glauben äußerlich. Mit langen Bärten, Schläfenlocken, schwarz ihr Anzug, schwarz ihr großer Hut. Man nennt sie Ultraorthodoxe, weil sie ihre tradierten Vorstellungen von Gottes Willen durchsetzen wollen. Um jeden Preis. Sie bestimmen die Politik Israels. Überzeugt, Gott habe ihnen nach mehreren Verschleppungen die Rückkehr zum Tempelberg versprochen. Damit sie den dritten Tempel nach Salomo bauen können. Für das neue Jerusalem.

Problem: Palästina und der Tempelberg sind der Zankapfel, als Juden nach Kriegsende vermehrt aus West- und Osteuropa nach Palästina auswanderten. Auf einem Schiff, das sinnigerweise „Exodus" hieß. Bald wieder ein Staat mit eigener Verfassung und Ansprüchen an die Araber, die dort leben. Ursache eines sinnlosen Bruderkriegs. Denn Juden und Araber sind beide Nachfahren Abrahams. Sohn Isaak Urvater der Juden. Sohn Ismael Urvater der Araber.

Araber, meist islamischen Glaubens, beanspruchen Palästina, das sie nach der Eroberung durch den

Kalifen Umar Ibn al-Chattab vor fast 1500 Jahren besiedelten. Den Tempelberg inklusive. Errichteten auf ihm bereits im 6. Jahrhundert den Felsendom. Mit einer weithin leuchtenden goldenen Kuppel. Weil Mohamed von hier in den Himmel fuhr, wie sie glauben. Für die Juden das größte Ärgernis. Aber für beide Religionen eine heilige Stätte. Araber dürfen jetzt auf den Tempelberg unter internationaler Kontrolle. Jüdische Männer und ihre Söhne jammern täglich an der Klagemauer: „Gib uns o Herr den Tempelberg wieder". Während ihre Frauen und Töchter arbeiten müssen, um Geld für den Lebensunterhalt zu verdienen. Was ist zu tun?

Wessen Religion ist die gültige? Die demokratische Welt kümmert sich um Israel. Gibt Geld für militärische Aufrüstung, den Bau von Atombomben. Außenpolitischen Beistand. Kritisiert die Politik der Hamas, einer palästinensischen Freiheitsbewegung. Religion findet nur noch in den Synagogen und Moscheen statt. Politik bestimmt den Verlauf der Dinge. Terror und Verzweiflung den Alltag. Es ist ein blutiger Terror. Juden siedeln auf arabischem Boden. Palästinenser werden aus ihren Häusern vertrieben. In provisorische Unterkünfte verfrachtet, die Menschenrechten spotten. Verbote und Stacheldrahtzäune trennen, was seit Jahrhunderten zusammengehörte. Kontrollstationen verhindern, dass Familien zusammenkommen. Israeli und Palästinenser sterben bei Protesten und Racheaktionen. Auge um Auge, das alte Spiel. Und Jahwe und Allah schauen zu.

Muss man sich dann wundern, dass Antisemitismus wieder aufflackert. Überall in der Welt. Letzte Erkenntnis daraus: Religion stiftet nicht nur Frieden. Religion ist viel zu oft Krieg. Auch Christen sollten sich schämen, denken sie zurück an die Kreuzzüge um 1200, als christliche Ritter alle Türken der Stadt Antiochia umbrachten. An die Verfolgungen der Muslime in Spanien unter König Ferdinand, der Juden in Mittelalter. Die Hexenverbrennungen. Selbstüberschätzung und daraus folgender Fremdenhass scheinen so alt zu sein wie die Menschheit. Schon Kain erschlug seinen Bruder Abel. Kein Vorbild für andere, auf solche Weise zu überleben. Zurück zu Religionsstiftern.

Seit etwa 600 v. Chr. geistert *Lao-tse* durch die Köpfe von Religionswissenschaftlern und Sinnsuchern. Vermutlich Namensgeber des Daoismus, eine philosophische Anschauung der Welt. In China als Religion betrachtet.

Beschränkt auf das damalige Herrschaftsgebiet hat diese Religion das historische Bild Chinas maßgeblich beeinflusst.

Lao-tse, größte und älteste Steinskulptur in der chinesischen Provinz Quanzhou

Die Zahl der Anhänger in der Volksrepublik schätzt ein Daoistischer Verein auf 60 Millionen. Aber das berühmte Laternenfest wird von immer mehr laizistischen Chinesen gefeiert. Tradition ist lebendig trotz Mao. In Taiwan gezählte 8 Millionen. Verbreitet auch bei Überseechinesen in Malaysia, Singapur, Vietnam, Japan und Korea. Was ist von dieser Religion, will man sie so nennen, glaubhaft dokumentiert? Wann hat es damit begonnen? Was ist ihr Inhalt? Ihre Botschaft? Es muss etwas dran sein an Lao-Tse, sonst hätte er nicht Millionen Anhänger.

Sie werden nicht überrascht sein, wenn ich Ihnen sage, es war der Zeitgeist. Gedankengut, das besonders während er Zhou-Dynastie 1004-256 v. Chr. in Mode war und sich rasch verbreitete. Kosmologische Vorstellungen von Himmel und Erde. Bereits lange praktizierte Kultivierung von Geist und Körper. Mit Hilfe von Atemkontrolle und anderen Techniken. Meditieren, visualisieren, imaginieren. Auch bei uns heute praktiziert, zu sich selbst zu finden. Damals mit dem Ziel, die Unsterblichkeit zu erlangen. Unsterblichkeit ist das zentrale Thema des Daoismus.

Quellen dieser Religionslehre sind diverse Autoren. Lao-Tse ist nirgendwo dokumentiert. Verbreitet aber unter seinem Namen mystische Aphorismen. Subjektiv geprägte Ansichten von irgendwem. Auf den idealen Menschen kondensierte Weisheiten. Für Sinn-sucher ein gefundenes Fressen. *„Lernen ist wie rudern gegen den Strom. Hört man damit auf, treibt man zurück".*

Zhuangi erläutert das Wesen des Daoismus in seiner Schrift „Das wahre Buch vom südlichen Blütenland". In oft paradoxen Parabeln und Anekdoten. Idealbild ist der weltabgewandte Weise. Die Autorenschaft allerdings nicht nachweisbar. Ebenso wenig die eines **Lie-zi**, ein anderer Interpret des Daioismus. Sein Buch „Das wahre Buch des quellenden Ursprungs" ähnelt dem von Zhuangi. Mit Humor geschrieben, plausibel interpretiert. Inhaltlich ist es von tiefer dao-istischer Weisheit. Einiges wird Konfuzius zuge-schrieben. Hier eine für Europäer nicht ganz ver-ständliche Kostprobe: *„Der Geist geht ein zu seinen To-ren. Der Leib kehrt heim zu seiner Wurzel. Wie soll das Ich da dauern können?"*

Den Sinn seines Gleichnisses verstehen wir dagegen sofort. So, wie wir biblische Gleichnisse verstehen:

„Ein Mann hatte seine Axt verloren und glaubte, dass sie der Sohn des Nachbarn gestohlen habe. Jedesmal, wenn er den Jungen sah. schien es ihm, als ob er wirklich ein Dieb sei. Sein Gang, sein Gesichtsausdruck, seine Sprache und überhaupt alles an dem Jungen schienen davon zu zeugen, dass er die Axt gestohlen hatte.

Wenig später fand der Mann seine Axt wieder. Als er am nächsten Morgen den Sohn des Nachbarn wieder traf, war es ihm, als ob der Junge in keiner Weise ein Dieb war."

Das Paradies war für Chinesen Realität. Es liegt präzis im Kunlun-Gebirge im Westen Chinas. Außerdem gibt es noch andere Gefilde der Seligkeit: Auf den Penglai-Inseln wächst die Wunderpflanze der Unsterblichkeit. Zusammenfassend kann man sagen: Es gibt wie in anderen Religionen viele Interpretationen und Auslegungen. Lao-Tse, einer der Prediger, lebt als Name länger als andere. In Denken und Handeln von Millionen mystisch orientierter Menschen bis heute. In Büchlein zu lesen. Kommen wir zum Buddhismus.

Buddha nennen Gläubige einen weisen Mann, der sie lehrt wie man ins Nirwana kommt. Der Weise Siddarta Gauotano war der erste Gelehrte, der im 6. Jahrhundert v. Chr. die buddhistische Lehre formulierte. „Erwache" lautete die Botschaft. Erwachen aus dem leidgeprägten Dasein durch Meditation und Askese. Er selbst erreichte das vollkommene Erwachen im 35. Lebensjahr. Am Ufer des Neranjaresflusses nahe der heutigen Stadt Bihas, unter einer Pappelfeige. Die bis heute als Baum der Weisheit verehrt wird.

Buddha-Shakayumi, so nannte man ihn, zog durch das Riesenreich Indien. Predigte, erläuterte, meditierte 45 Jahre lang: „Du musst aufwachen, wenn du ins Nirwana kommen willst". Seine Zuhörer waren Menschen aller Volksschichten. Brahmanen, den Mitgliedern der obersten Gesellschaftsschicht und Ausgestoßene. Geldverleiher und Bettler. Heilige und Räuber. Nicht unähnlich Jesus von Nazareth. Er versammelte Jünger um sich, gründete einen Orden. Buddha Shakayumi soll mit 80 Jahren gestorben sein. Lebt weiter im Nirwana und den Herzen von 150 Millionen Anhängern Shakayumis auf der Welt.

Es haben sich drei Arten von Buddhas herausgebildet. Alle haben die gleichen Grundgedanken. Unterscheiden sich durch die „Qualität" ihres Erwachens. Und durch formale Varianten der vorwiegend plastischen Kunst.

Samyakam-Buddha ist ein vollkommen Erwachter. Er hat die zur Befreiung führende Lehre ganz ohne fremde Hilfe entdeckt. Verwirklichte sie und half anderen Menschen dank seiner großen Begabung, an dieses hohe Ziel zu gelangen.

Als Bhudda verehrter Siddarta aus dem Geschlecht Chakya.
Überlebensgroße Steinplastik.

Pratyeka-Buddha nennt man einen Einzel-Erwachten, der zwar die unerhörte Wahrheit gefunden hat. Nicht aber talentiert genug ist sie durch predigen weiterzugeben. Man nennt ihn einen Einzelerleuchteten.

Sravaka-Buddha der sogenannte Hörer-Erwachte. Wiederum einer, der als Schüler eines Weisen buddhistische Lehre und Praxis kennengelernt hat. Und weiß, wie man zur Befreiung gelangt. Alles aber für sich behält.

Alle Schriften sind in Sanskrit verfasst. Der heiligen Sprache der Hindus. Gesprochen in allen Ritualen bei Gottesdiensten, Hochzeiten und Totenfeiern. Immer das Erwachen im Mittelpunkt. Nach einem Weg suchen, der zur Befreiung vom Leid führt. Erlösung durch Meditation und Askese.

Mit allen Ausprägungen hat der Buddhismus fast 500 Millionen Anhänger. Und damit die viertgrößte Religion nach Christentum, Islam und Hinduismus. Zentrum ist der heilige, weise Mann. Sichtbar in Skulpturen. Hölzernen, steinernen, silbernen, goldenen. Aus grünen Smaragdsteinen wie in Bangkok. Verehrt und akzeptiert als Vater der Weisheit nicht nur von Buddhisten. Alle, die Sinn suchen in ihrem Leben, stoßen irgendwann auf seine Lehre. Buddha in mehrerlei Gestalt, aber mit einer Idee, die nicht stirbt.

Zhuangzi, einer von ihnen, veranschaulicht die Weltsicht weiser Männer, indem er die Welt vor der Zivilisation lobt. Das sogenannte goldene Zeitalter:

„So lange die Pferde als freie Tiere auf den Steppen laufen, fressen sie Gras und saufen Wasser. Haben sie Freude aneinander, kreuzen sie die Hälse und reiben sich. Sind sie böse aufeinander, drehen sie sich den Rücken zu und schlagen aus mit den Hufen. Darin besteht ihre ganze Kenntnis. Spannt man die Pferde aber an die Deichsel und zwingt sie unters Joch, dann lernen sie scheu umher zu blicken, den Hals zu verdrehen, zu bocken. Dem Zaumzeug auszuweichen und die Zügel heimlich durchzubeißen".

Den Urzustand der Pferde vergleicht Zhuangzi mit der Verfassung der Menschen im Goldenen Zeitalter. Bevor die Heiligen Moral und Sitte in die Welt brachten. Und damit die unschuldige Unmittelbarkeit des Lebens zunichtemachten.

„Bis dahin saßen die Leute herum und wussten nicht, was sie taten. Gingen und wussten nicht wohin. Nichts fehlte ihnen. Bis ihnen weisgemacht wurde, sie müssen nach der Etikette leben. Da erst finden die Leute an zu rennen und zu stolpern. In ihrer Sucht nach Erkenntnis und begannen sich zu streiten in der Jagd nach Gewinn, bis kein Halten mehr war".

Jesus von Nazareth. Ein jüdischer Wanderprediger. Etwa ab seinem 28. Lebensjahr trat er öffentlich in Galiläa und Judäa auf. Zwei bis drei Jahre später lässt ihn der römische Präfekt Pontius Pilatus von römischen Soldaten kreuzigen. Soweit das, was man weiß. Aus Dokumenten der Statthalter, die Rechenschaft ablegen mussten vor dem Konsulat in Rom. Alles andere, seine Predigten, Mahnungen und Wunderheilungen, wurden nach seinem Verschwinden - Auffahrt in den Himmel sagen die Christen - von seinen Aposteln erzählt. In Paulus' Briefen gelesen oder den Worten einzelner Erzähler entnommen. Von wem sie letztendlich aufgeschrieben wurden weiß man nicht. Zugeschrieben werden sie Lukas, Matthäus, Markus und Johannes, den vier Evangelisten der Heiligen Schrift.

Es ist nicht ausgeschlossen, dass auch noch andere ihre Geschichten über diesen Jesus erzählten. Mündliche Überlieferungen waren im Orient gang und gäbe. Die einzige Möglichkeit sich mitzuteilen. Kommunizieren sagt man heute. Bei einigen Beduinenstämmen ist es trotzdem noch üblich, Geschichten und Nachrichten mündlich zu verbreiten. Trotz Handy und Fernseher. Große Erzähler werden immer noch gelesen. Prinzessinnenwunder in Tausendundeine Nacht faszinieren. Und die unglaubliche, heute noch praktizierte Feuerprobe. Wer beim Schwur seine

Hand auf einen glühenden Rost legt, ohne dass sie Spuren des Verbrennens zeigt, sagt die Wahrheit.

Abdruck des Antlitzes Jesu auf dem Grabtuch, ausgestellt und verehrt im Dom von Turin, für die Kirche ein Andachtsbild, für Gläubige eine Reliquie

Damals galt es das Wunder Jesus von Nazareth bekannt zu machen. Sohn Gottes. Geboren von einer Jungfrau. Gekommen in diese Welt, sie zu erlösen. Denn im Menschen ist das Böse oft mächtiger als das Gute. Das alte Thema. Wie in allen Religionen der Welt.

Trotzdem hat das Christentum ein eigenes Profil, eine eigene Faszination. Die es unterscheidet von allen anderen. Jesus ist der Sohn Gottes. Andere Religionsstifter Abgesandte oder Propheten ihres Gottes wie Mohamed. Aufwändige Zeremonien, prächtige Kirchen haben andere Religionen auch. Die christliche unterscheidet sich durch ihre Theologie. Für die größte Gruppe der Römischen Katholiken sind Lehre und Riten in Dogmen fest geschrieben für alle Zeiten. Alle Christen beten zu einem Gott in drei Personen. Gott Vater. Gott Sohn, dieser Jesus von Nazareth. Gott Heiliger Geist in Gestalt einer Taube. Alles hat Sinn und Bedeutung. Vater, das fürsorgliche Oberhaupt der Familie. Sohn, vom Vater zu uns geschickt. Mensch gewordener Erlöser, der bei seinen öffentlichen Auftritten mahnte seiner Lehre zu folgen. Dann sei ihnen der Himmel sicher. Gottes Geist erleuchtet der Menschen Geist. Innere Stimme nennen es manche.

Nachvollziehbare Symbolik und doch umwittert vom Geheimnis einer Dreieinigkeit, die niemand ganz begreift. Nur glauben kann. Künstler aller Zeiten haben ihre eigenen Vorstellungen realisiert. Sofern die

Auftraggeber es ihnen erlaubten. Das Bild der Dreifaltigkeit in diesem Buch zeigt, dass einer von ihnen kein schlechtes Gewissen hatte, drei in einer Person wörtlich zu nehmen. Wunder können auch gemalt und so von allen verstanden werden.

1,214 Milliarden Menschen zählt die römisch katholische Kirche. Die größte Religionsgemeinschaft der Welt. Lateinische und Ostkatholische inklusive. Ohne Anglikaner und Altkatholiken. Alle anerkennen und praktizieren die sieben Sakramente. Allein die Römischen Katholiken akzeptieren den Primat des Papstes in Rom.

Seine Regierung, ein Kollegium von Kardinälen, erlässt Gesetze, Vorschriften für die Mitglieder ihrer Kirche. Beschließen Dogmen. Haben in Glaubensfragen unbeschränkte Macht. Die sie oft im Laufe der Jahrhunderte missbrauchten. Mönch und Professor für Theologie Dr. Martin Luther protestierte mit 95 Thesen gegen die in der Kirche weit verbreitete Praxis des Ablasshandels. Befreiung von Sündenstrafen durch Zahlung eines Lösegeldes. Das Motto Johann Tetzels, Prediger und Befürworter dieser Praxis: „*Wenn die Münz im Kasten klingt, die Seele in den Himmel springt*". Ob Luthers Thesen an der Tür der Schlosskirche in Wittenberg aushingen ist fraglich. Aber mit Sicherheit verkündet wie im Plädoyer eines Advokaten. Der er ja war. Für die Freiheit, anders zu glauben als Papst und

Kardinäle vorschreiben. Kam auf dem Reichstag in Worms am 17. April 1521 wegen Häresie vor Gericht. Wurde exkommuniziert, weil er nicht klein beigab.

Der christliche Gott in drei Personen, Dreifaltigkeit genannt. In einer frühmittelalterlichen Miniaturmalerei.

Bekannte: Hier steh ich und kann nicht anders. Predigte gegen das Papsttum, für die Freiheit des Christenmenschen. Übersetzte mit Philipp Melanchthon das griechische Neue Testament ins Deutsche. Von Katholiken und Protestanten anerkanntes Wort Gottes im deutschsprachigen Raum. In anderen Sprachen bei 2,3 Milliarden Christen weltweit. Zwingli- Nachfolger und Calvin-Gläubige eingeschlossen. Trotz unterschiedlicher Interpretation des Glaubens.

Der Zürcher Reformator Zwingli übersetzte im Team mit anderen Gelehrten beide Testamente. Als erster Altes und Neues in deutscher Sprache. Entwarf gesellschaftliche Leitbilder. Radikaler noch als Luther. Hob den Zölibat auf. Verschrien später als Kleingeist und freudloser Prediger strenger Sitten. Er war aber ein lebenslustiger Typ. Riss Witze wenn er predigte. Liebte Wein, Weib und Gesang. Glaubte an die Gnade wie Luther.

Calvin, Franzose, dagegen ein völlig anderer. Vertrat die sogenannte Prädestination. Gott hat unser Leben vorherbestimmt. Daher ist es so wie es ist. Der Arme arm. Der Reiche reich. Wir erfüllen alle Gottes Willen. Und kommen in den Himmel. Oder die Hölle. Es gibt nicht wenige, die es in ihrem Sinne auslegen. Nach Reichtum streben ist gottgewollt. Ob sie in den Himmel kommen, kann bezweifeln, wer die Bibel aufmerksam gelesen hat: „Eher kommt ein Kamel durchs Nadelöhr als ein Reicher in den Himmel".

Katholische oder reformierte Überzeugung lebendig noch in den Köpfen der Anhänger. Erinnert aus
dem Religionsunterricht. In den Herzen einer immer
kleiner werdenden Zahl von Gläubigen, die sie praktizieren. Regelmäßig den sonntäglichen Gottesdienst
besuchen. Alles ist im Wandel begriffen. „Wir kön-
nen´s", das Mantra der heutigen Zeit. Fortschritte in
der Wissenschaft und neue Techniken geben der Ver-
nunft den Vorrang, relativieren den Glauben.

Trotzdem ist dieser Jesus lebendig. In den Geburts-
urkunden von Milliarden Christen weltweit. Den
83000, die jeden Tag getauft werden. Bei 42000 Kon-
fessionen außer den christlichen, die sich auf Jesus be-
ziehen. In 71 Millionen Bibeln, die 2011 gedruckt
wurden. Bei Gottesdienstfeiern in allen Sprachen der
Welt. Den Kruzifixen in Abermillionen Wohnungen.
Gemälden in Kirchen und Museen weltweit.
Den Kantaten und Oratorien berühmter und weniger
berühmter Musiker. In Büchern und spektakulären
Breitwandfilmen über den Nazarener aus Hollywood
und Cinecittà. Biblische Geschichten Anreiz und Motiv in der Kunst. Über Jahrhunderte bis heute.

Neben Osterfestspielen spielt die Leidensgeschichte
Jesu die größere Rolle. Warum wohl? Vielleicht, weil es
menschlich ist, zu leiden und zu sterben. Jeder kann es

leicht nachvollziehen. Sich selber erkennen im Leid des anderen.

Dargestellt in sogenannten Calvaires, ab dem 15. Jahrhundert in der Bretagne. Aus heimischem, eisenhartem Basalt gebosselte Skulpturen der Kreuzigungsgruppe. Prozessionen in vielen Ländern richtige Spektakel. Die „Semanta sana" in Spanien. In feierlicher Prozession ziehen Männer der Bruderschaften in weißblauen Gewändern und spitzen Hüten durch die Straßen. In Faro, Portugal, auf Mallorca und Malta begleiten Nonnen im weißen Habit eine Skulptur von Jesu bei der Verurteilung durch Pontius Pilatus.

Die spektakulärsten Passionsspiele finden in Oberammergau statt. Als 1633 die Pest achtzig Dorfbewohner hingerafft hatte, schworen die Überlebenden Jesu Sterben und Tod in einem Spiel darzustellen. Mit der Bitte, Gott möge sie zukünftig von Pest und Cholera verschonen. Es dauerte noch bis zum Ende des 19. Jahrhunderts, bis sie besiegt waren.

Das große Welttheater in Oberammergau findet alle zehn Jahre statt. In einem Festspielhaus mit Innenhof. Das erste Libretto schrieb der Ettaler Benediktinermönch Ferdinand Rosner in der zweiten Hälfte des 18. Jahrhunderts. In typisch barocker Manier. Seitdem entwickelten sich die Passionsspiele in Oberammergau zum weltgrößten religiösen Spektakel. Szenen aus dem

„Santa Semana" die Woche von Palmsonntag bis Ostern in Spanisch sprechenden Ländern. Mit Umzügen kirchlicher Bruderschaften in traditionellen Gewändern.

Alten Testament, dem Leben Jesu in lebenden Bildern. Prologe von Solisten gesungenen, Psalmen, Hymnen im Chor. Vom Orchester effektvoll untermalt. Erklärende Texte der Bibel pathetisch gesprochen. Im Laufe der Zeiten um biblische Szenen erweitert. Ereignisse des Neuen Testaments Texten des Alten gegenübergestellt. Vorschlag von Theologen, zu erkennen: Das Neue ist die Erfüllung des Alten Testaments.

Musikalisch zuletzt neu bearbeitet im Stil der Frühromantik. Mozart und Mendelsohn Bartholdi Vorbilder. Beim letzten Spiel 2010 agierten neben Dorfbewohnern professionelle Künstler im Festspielhaus. 110 Solisten und 57 Orchestermusiker. Bühnenhaus mit Säulen und freiem Platz davor. Bis zu den Stühlen der Zuschauer, vor Regen geschützt unter einem hoch gebogenen Dach, das an das Gewölbe einer Kirche erinnert.

Über eine halbe Million sahen diese bisher letzte Aufführung. Ließen sich von begeisterten Spielern begeistern. Ergötzten sich an biblisch anmutenden Gewändern. Biblischen Szenen und Gesängen. Erlebten den Verlust des Paradieses, Verkündigung der zehn Gebote durch Mose auf dem Berg Sinai. Erlitten den Tod Jesu am Kreuz und standen mit ihm auf. Ratlos mit den Frauen am leeren Grab. Vier Jahre später nahm die UNESCO die Festspiele in Oberammergau in sein Verzeichnis als erhaltenswertes Kulturerbe auf. Lebendig in den Herzen der fünfhunderttausend Zuschauer vor Ort, den Millionen vor Fernsehschirmen. Jesus von Nazareth. Lebendig dieser Jesus, solange Menschen an ihn glauben, Auch wenn es nur

gespielt ist. Das bisher längste Leben eines Religions-
gründers.

10 Pfennig-Briefmarke der Deutschen Post zu den Passions-
festspielen in Oberammergau 1960

Mohammed zeitlich betrachtet der jüngste und letzte
Stifter einer Weltreligion. Mit dem längsten Namen
aller Stifter: „Abu I Quasim Mohammed ibn ´Abd Allah ibn ´Abd al-Multalieb ibn Haschim ibn Manaf al-
Quraschi." Verkündete im Arabien des frühen 6. Jahrhunderts auf Eingebung Allahs seine Thesen. Grund-
lagen der heute zweitgrößten Religionsgemeinschaft

weltweit mit über 1,7 Milliarden Anhängern. Mit Schwerpunkten in ostasiatischen Ländern, dem Iran, Nordafrika, dem Balkan, der Türkei. Zusammengenommen 2/3 der islamischen Bevölkerung weltweit.

Der Begriff Islam leitet sich aus dem arabischen „aslama" ab. Bedeutet völlige Hingabe an Gott, den sie Allah nennen. Wichtigste textliche Grundlage des Islams ist der Koran. Laut islamischer Deutung die Rede Allahs, in der er sich Mohammed offenbart hat. Mohammed ist folglich in den Augen von Moslems der Prophet Allahs.

Eine zweite Grundlage bilden die Berichte *adithe* über Mohammeds Verhalten. Als Gesandter Allahs hat er Vorbildcharakter für alle Muslime. Normen, die sich aus beiden Texten ergeben, werden als *Scharia* bezeichnet.

In den Suren des Korans erkennt man Charakter und Eigenheiten des Islams. „Ich bin ein Moslem" bedeutet, Allah hat mich auserwählt. Ich verdanke diesen Glauben allein Allah. Es ist nicht mein Verdienst. Ähnlich die Bedeutung der göttlichen Gnade bei Christen. Die Luther zum Grundpfeiler seiner Theologie machte. Nach Mohameds Definition hat der Islam bereits mit Abraham begonnen. Den er als gottergebenen „Hanif" beschreibt. Name für vorislamische Monotheisten in Arabien.

Prophet Mohammed, eines der zahlreichen Portraits, die außerhalb des Islam, der Bilder verbietet, entstanden. Ergebnisse künstlerischer Fantasie.

Der Islam definiert seinen Glauben mit Sätzen, von denen einige auch im Christentum gelten: Ich glaube an den einen Gott. Seine Engel. Seine Offenbarung. Seine Gesandten und Propheten, Adam z. B. Abraham, Mose, Jesus. Den Jüngsten Tag, an dem die Guten belohnt, die Bösen bestraft werden.

Fünf Säulen des Islam erklären das Pflichtprogramm für Muslime: 1.*Schahada* - islamisches Glaubensbekenntnis. 2.*Sala* - Pflichtgebet. 3.*Zahat* - Almosengabe. 4. *Saum* - Fasten im Ramadan. 5. *Haddsch* - Pilgerfahrt nach Mekka. Dort steht die Kaaba, heiliges Haus, Haus Allahs. Das beim Pflichtgebet die Richtung vorschreibt. Möglichst liegend. Denn Allah ist größer als alles andere.

Im Fastenmonat Ramadan ist vorgeschrieben, wann und wie gefastet wird. Vor Sonnenaufgang, mittags, nachmittags, nach Sonnenuntergang und nachts. Einen ganzen Tag nichts essen, trinken, rauchen, kein Sex. Besonders aufmerksam sein im Umgang mit anderen. Wahrscheinlich richten sich nur noch streng gläubige Moslems nach diesen Vorschriften.

Es ist anzunehmen, dass eine wachsende Mehrheit sie ignoriert. Vor allem Jugendliche. Die nicht mehr wollen, dass Religion ihnen vorschreibt, an was sie zu glauben, wie sie zu leben haben. Sie suchen Freiheit.

Smartphones, weltweit verbreitet wie ihre Religion, wecken Sehnsüchte. Selbst Irans Sittenpolizei kann diesen wachsenden Hunger nach Unabhängigkeit nicht bremsen.

Wie in jeder Religion gibt es auch im Islam verschiedene Auslegungen. Die wichtigsten sind schiitisch oder sunnitisch geprägt. Mit gegensätzlichen Positionen. Schiiten hüten das Erbe Mohameds. Sunniten nur pro forma. Ihr Interesse gilt dem Machterhalt. Ihre Richter und Heerführer genießen hohes Ansehen. Wenige Länder sind schiitisch, die meisten mit fast 80% aller Moslems sunnitisch. Unterschiedliche Positionen führten bis heute zu Glaubenskriegen, besonders im vorderen Orient, von Saudi-Arabien geschürt.

Seit 2001 sind besonders radikale Sunniten am Werk. Al-Quaida verantwortlich für den Angriff auf das World Trade Center in New York. Als 9/11 in die Geschichte eingegangen, Signal für modernen Massenmord. Aus Al-Quaida entwickelte sich 2003 der Islamische Staat IS. Terroristische Anschläge an vielen Orten der westlichen Welt. Sein vorgebliches Ziel, das Reich Gottes wiederherstellen. So wie sie es verstehen. Unbeteiligte und Muslime töten gehört zur Tagesordnung. Obwohl der Koran es verbietet. 2014 zum Kalifat ausgerufen. Kalif Abu Bakr al-Baghdadi erhebt den Anspruch, Nachfolger Mohammeds zu sein. Und damit politisches und religiöses Oberhaupt aller Muslime. Für den Sicherheitsrat der Vereinten Nationen ist der IS eine terroristische Vereinigung.

Nicht wenige junge Menschen in der westlichen Welt konvertieren zum Islam. Weil sie den Verlust religiöser Werte, den Verfall der allgemeinen Moral nicht verkraften. Im Islam das Heil sehen. Von Scharfmachern im Internet geschickt mit Argumenten gefüttert, die ihre Sehnsucht zu stillen scheinen.

Folgen unserer konsumsüchtigen Welt und Zeichen von wachsender Unsicherheit und Angst. Religion kann nicht mehr trösten. Ewiges Leben scheint es schon gar nicht mehr zu geben. Außer in den Köpfen der Bombenzünder.

Entdecker und Erfinder.

Amerika verdankt **Amerigo Vespuccis** Vornamen, dass es so heißt wie es heißt: Amerika.

Der 1452 in Florenz geboren. In einer Zeit, als man begann, mit moderneren Segelschiffen aufs offene Meer zu fahren. Mehr zu entdecken als den alten Kontinent. Der Sohn einer angesehenen Familie hatte die Chance, bei den Medicis eine Stelle zu bekommen. Die mächtige italienische Bankiersfamilie engagierte ihn nach seinem Studium und schickte ihn nach Sevilla. Dem damaligen Zentrum von Seehandel und moderner Kunst.

Sahen voraus, von der iberischen Halbinsel wird die Welt erobert. Ihre Könige sind ehrgeizig. Dort traf Amerigo 1490 Christoph Kolumbus, einen Landsmann aus Genua. Ob sie Freunde wurden, weiß man nicht. Finanzierte aber im Auftrag der Medici den Bau seiner ersten Schiffe. Und begann sich neben den Geldgeschäften für die Seefahrt zu interessieren. Und die Möglichkeit, eine Welt zu entdecken, die bis dahin nur in der Fantasie von Träumern existierte. Und alten Überlieferungen.

Phönizier und Wikinger fuhren schon lange übers Meer. Man bewundert heute noch ihre Technik, ihre Mannschaften und Schiffe, die es bis an ferne Küsten schafften. Segelnd, rudernd. Je nach Wind und Wellenschlag.

Amerigo Vespucci mit Fernrohr und Seekarte auf einem zeitgenössischen Gemälde.

Es dauerte Jahrhunderte, bis etwa 1450 das erste überseetaugliche Schiff zu Wasser gelassen wurde. Geeignet für den Transport von mehr als zehn Personen und schweren Lasten. Sicher zu navigieren auch bei stürmischem Wetter. „Katalanische Nao" nannte man es. Nach der Provinz, in der es gebaut wurde. Die „Santa Maria" des Kolumbus war eine weiterentwickelte Nao, Karacke genannt. Kolumbus selbst bekannte stolz: „Mein Schiff ist eine Nao".

Dieses Schiff hatte drei Masten, also mehr Segel als die hanseatische Kogge mit einem. Namen wie Bugspriet, Fockmast, Großmast und Besanmast lassen heute noch das Herz von Seemann und Möchtegern höher schlagen.

Gehobelte, imprägnierte Tannenstämme und dünneres Holz für Querbalken. An denen große und kleine, rechteckige oder dreieckige Segel aus kräftigem, präpariertem Leinen befestigt waren. Takelage nennt es die Seefahrt. Die zu hissen - hochziehen, zu drehen nach dem Wind, zu reffen - einholen bei Sturm braucht es gestandene Männer. Kerle, die klettern können und schwindelfrei sind. Immer schon ein Job für Hartgesottene. Und solche, die Abenteuer suchen.

Amerigo Vespucci fuhr also auf einer solchen Karacke über den Atlantik. Noch bevor Kolumbus nach

Westen aufbrach. Als Gast, nicht als Matrose. Neugierig zu entdecken, was jenseits des großen Wassers liegt. Der Kapitän Gonçalo Coelho, ein Portugiese, steuerte im Auftrag seines Königs den Dreimaster bis an die Küsten Brasiliens. Dort ging Amerigo am 18. Mai 1499 an Land, Einheimische kennenzulernen, zu befragen. Unternahm diese Reise noch mehrere Male, sein Wissen zu vergrößern. Schrieb 1501 alles in Briefen auf, „Mundus Novus" neue Welt genannt. Sie waren gerichtet an den Florentiner Adligen Lorenzo di Pierfrancesco di Medici. In Italienisch, der Sprache seiner Heimat, wie damals üblich. Nach der Eroberung Brasiliens durch Portugals Truppen ist Portugiesisch Landessprache bis heute.

Amerigo schilderte seine Besuche bei den Einwohnern. Lernte ihre Sitten und Gebräuche kennen. Versuchte sich mit ihnen zu verständigen. Heraus zu bekommen, wie sie ihre Pfahlbauten errichten. Von was sie sich ernähren, an was sie glauben. Beschrieb Kannibalismus, Piercing und Sexualität der Indios sehr detailliert und pedantisch genau. Ebenso Pflanzen- und Tierwelt, die er vorfand. Die italienische Fassung ging verloren. Eine, 1501 in die lateinische Sprache übersetzt, fand sofort großen Beifall. Nicht nur von Gelehrten, sondern allen, die lesen konnten. Und denen, die davon hörten. Es sprach sich herum.

Sein Wunsch, das von ihm entdeckte Land Amerigo zu nennen zuerst belächelt. Bis die spanische Königin Johanna ihn zum „Piloto Mayor" ernannte. Einen, der die Weltkarte neu definierte. Kolumbus glaubte, den Seeweg nach Indien entdeckt zu haben. Nannte die Inseln vor der Küste Amerikas Neuindische Inseln, ihre Einwohner Indianer.

Vespucci aber war fest überzeugt, einen neuen Kontinent entdeckt zu haben. Der Kartograph Waldseemüller schrieb 1507: „Es ist nicht einzusehen, dass man einem so scharfsinnigen Mann verbieten solle, dem entdeckten Land seinen Namen zu geben. Da sowohl Europa als auch Asia nach Frauen benannt sind."

Aus Amerigo wurde also Amerika. Sammelbegriff für Nord und Süd. Heute noch wird sein „Mundus Novus" im Latein-Unterricht gelesen und übersetzt, weil seine Sprache einfach ist. Im Prince-Hendrik-Schifffahrtsmuseum Rotterdam kann jeder seine Karacke bestaunen. Und denken: auf diesem Apparat über den Atlantik schippern? Whow! Die Sehnsucht bleibt, weiterzukommen als man ist. Auch an Jahren.

Unverzichtbar für unsere Vorstellung von der Bedeutung des Planeten Erde im Universum ist ***Galileo Galilei.*** Der studierte Philosoph, Mathematiker, Physiker und Astronom einer der wichtigsten Vorläufer der modernen exakten Naturwissenschaft. Beobachtete

Vorgänge und entdeckte Gesetzmäßigkeiten. Bei schwingenden Pendeln z. B. Den Lauf von Himmelskörpern beobachtete er mit einem selbst gebauten Fernrohr. Schliff Linsen aus klarem Glas und erreichte am Ende eine dreiunddreißigfache Vergrößerung. Entdeckte, Planet Venus hat Phasen wie der Mond. Erdähnliche Oberflächen auch andere, alles bewegt sich in Kreisen. Entschloss sich, frühere Erkenntnisse des Niederländers Nikolaus Kopernikus zu vertiefen und zu erweitern: Die Sonne ist das Zentrum, um das sich alles dreht. Nicht die Erde Mittelpunkt der Schöpfung. Wie die Kirche bis dahin predigte. Galilei publizierte es und kam 1632 vor Gericht.

Die Inquisition war damals herrschende Macht in Europa. Eingeführt, um den aufkeimenden Protestantismus zu bekämpfen. Ihre Vertreter waren nicht zimperlich. Galilei widerrief seine Thesen, als man ihm mit Tod auf dem Scheiterhaufen drohte. Änderte das Urteil in lebenslange Haft, als er abschwor. Drei von zehn Kardinälen als Richter unterschrieben das Urteil nicht. Galilei blieb bei seiner Überzeugung. „Eppur si muove" sie dreht sich doch, wird ihm später unterschoben. Seit man es auf einem alten Gemälde entdeckte und somit glaubwürdig schien. In Bertolt Brechts Bühnenstück „Das Leben des Galileo Galilei" verewigt und in einer Vielzahl wissenschaftlicher Werke.

Galileo Galilei, Portrait auf seinem marmornen Grabmal in der Basilika Santa Croce, Florenz

Fahren wir fort mit der Neuzeit, die allen aufmerksamen Menschen noch im Kopf ist. **Madame Curie**, geborene Skolodowska, polnische Physikerin und Chemikerin erforschte Material auf ihre Strahlungen. Entdeckte die Radioaktivität. Eine Jury aus Wissenschaftlern ließ die Messeinheit der Strahlung Curie taufen. Ihr zu Ehren. Erhielt den Nobelpreis für Chemie. Ihr Mann, Pierre Curie nannte ein von ihr entdecktes Element Polonium. Der Polin zuliebe. Heiratete sie. Verunglückte wenige Jahre danach. Madame mit ihren Töchtern Irène und Ève allein. Forschte weiter. Bis ihre Finger bluteten. Folgen ihrer Arbeit an strahlendem Material. Wird Professorin an der Sorbonne. Erste Frau nach vierhundert Jahren am renommierten Institut in Paris.

Für ihre Entdeckungen elektrischer Leitfähigkeit von strahlendem Material erhielt sie viele Preise. Bereits 1902 den „Prix Gegner" der Académie des Sciences Paris. Zwei Jahre später den „Prix la Caze" für Resultate mit Chemikalien auf Metallen. 1911 die „Davy-Medaille" der Royal Academy London. Im selben Jahr den Nobelpreis für Physik.
Fand heraus, das Radium 400 mal stärker strahlte als Uran. Wurde krank. Immer kränker. Reiste mit ihren Töchtern in die USA. Eingeladen von Mary Melony, der Herausgeberin des Frauenmagazins „Delineator".

Nach ihrer Abreise gründete die begeisterte Amerikanerin eine Stiftung. Mit dem Ziel, 100000 Dollar zu sammeln für die Beschaffung des teuren Radium. Veranlasste die Standard Chemical Company, dieses Element in großen Mengen zu produzieren. Radium war knapp geworden im ersten Weltkrieg. Röntgen-Stationen, durch Marie Curies Erfindung erst möglich, verbrauchten es. Verwundete zu untersuchen und besser therapieren zu können. Curie hatte die Idee, sie mobil zu machen wie ein Auto. Schnell den Führerschein erworben, um die Lebensretter selbst zu chauffieren. Dahin, wo sie dringend gebraucht wurden.

Der Völkerbund in Genf holte sie als Vizepräsidentin. In dieser Eigenschaft strebte sie an, Wissenschaft öffentlich zu machen. Zu publizieren in Medien. Sie starb am 14. Juli 1934.

Heute kann jeder Arzt auf der Welt röntgen lassen, wenn er es für notwendig hält. Ohne die Erfindung von Madame Curie wäre es nicht möglich. Radiologen wissen vielleicht noch, dass sich Marie Curie hinter dem Apparat verbirgt. Patienten nicht. Sie sind zwar keine Verehrer im Sinne von Gottgläubigen, aber Nutznießer einer Erfindung, die es möglich machte herauszufinden, was Leben retten kann. Denken Sie an Krebsverdacht, der dann keiner ist, nachdem die Brust geröntgt war. Oder einer, den man heilen kann.

Maria Skolodowska verheiratete Curie 1867 - 1934 polnische Physikerin und Chemikerin, entdeckte die Radioaktivität, erhielt zwei Nobel-Preise.

So lebt Marie Curie in jedem Röntgengerät weiter, das Klarheit bringt, Leben erhält oder erleichtert. Lebt im Denkmal Warschaus. Auf Briefmarken, Medaillen, auf 1000 Franc-Scheinen. In der Karikatur Maria Solomeas. Im Gemälde des rumänischen Physikers Gheorghe Manu 1994.

„Curie in the kitchen with Iréne". Ihre Ehrendoktor-Diplome in zahlreichen Akademien und Universitäten Europas. Im Kopf Albert Schweizers, des großen Menschenfreundes. Den sie im Engadin besuchte. Als er in Lambarene noch kein Spital gegründet hatte, die Welt mit praktischer Nächstenliebe zu überzeugen.

Philips aus Amsterdam kennt jeder. Birnen aus Glas mit Gewindesockel zum Einschrauben in Lampenfassungen. Einschalten und schon glüht der Faden im Glas. Wird blitzschnell hell wie der Tag, erleuchtet den Raum, den Gang, das Treppenhaus. Reicht eine nicht, gibt man der Glühbirne Gesellschaft. Hunderte sind es in großen Sälen. So fing es an.

Frederik Philips gründete das Unternehmen am 15. Mai 1851. Mit seinen Söhnen Gerard und Anton. Heute kennt jeder auf der Welt Philips. Und identifiziert es dank kontinuierlicher Werbung für alles, was hell macht wie das Tageslicht. Für Radioröhren, angenehmer und frei von Nebengeräuschen zu hören.

Röntgenschirme kommen 1928 dazu. Das zum Röntgen notwendige Radium hatte Marie Curie bereits über ein Jahrzehnt früher entdeckt.

Nach dem letzten Weltkrieg kamen elektrisch betriebene Geräte ins Programm. Trockenrasierer, Phonogeräte, Bildröhren und komplette Fernsehgeräte, Ferritantennen. Compact-Kassetten, Kassettenrekorder. Kaffeemaschinen, Mixer, elektrische Zahnbürsten, Infrarotlampen für den Hausgebrauch. Hausorgeln für Liebhaber von Kirchenmusik und Jazz. Nichts, was ein Haushalt braucht fehlt im Lieferprogramm. Halbleiter für den Fachmann: Leuchtdioden, Solarzellen. Und das, was die Zukunft uns noch bescheren wird.

Auch wenn heute einige Fertigungsbereiche ausgelagert oder nach China verkauft sind: Philips kennt jeder. Lebt also und ist nicht tot. Wie alles, was lieb und teuer war und immer noch ist. In Milliarden Köpfen dürfte es sein. Präsent auf allen Produkten. Dezent gedruckt auf Birnen und Röhren. Kleine Schildchen auf großen Apparaten mit dem Namen der Person, die das Unternehmen gründete. Nicht wissend, dass er länger lebt als er lebte. Leider gibt es kein Foto von ihm.

Die wirklichen Tüftler und Erfinder all dieser Nützlichkeiten im heutigen Weltunternehmen namenlos, bleiben im Dunklen. Aber sie sind stolz, ein

Philips zu sein. Lassen sich umarmen von verheirateten Kolleginnen nach Feierabend. Küssen im Dunklen, damit es andere nicht sehen. Wie überall auf der Welt. Philips ist alles. Dunkel und Helligkeit. Einschalten, abschalten. Je nachdem.

Es gibt ein Risiko. Das Risiko verwechselt zu werden: Ungezählte Leute namens Philips existieren. Jeder von ihnen bekannt für andere Nettigkeiten. Kunstsammler, Brotbäcker, Pastore, Postboten, Nachlassverwalter. Die meisten aber – Gott sei´s getrommelt und gepfiffen - leuchten nicht. Drehen sich nicht automatisch, lassen Töne erklingen, die man nicht mag. Machen nicht sichtbar was im Dunklen lebt und wirkt. Verzeihung ihr Philipse auf der Welt. Ich musste es der Wahrheit wegen erzählen. Freut euch eures Namens, der Arbeitsplätze erleuchtet und Gehirne. Wie der liebe Gott, könnte man meinen als ungläubiger Christ. Pardon me religious Ladys and Gentlemen.

Einmal in Haus und Büro darf **Melitta** nicht vergessen werden. Melitta Bentz erfand das Filterpapier, den Porzellantrichter dazu. Gemahlenes Kaffeemehl in der Dose. Mit vielen Vorteilen gegenüber früheren Methoden. Vielleicht erinnert sich manch eine noch: Mühsam Kaffeebohnen mahlen mit der Mühle. Zur Tüte gefaltetes Leintuch oder Löschpapier in die Kanne fummeln. Gemahlenen Kaffee hinein und kochendes Wasser drauf. Bis man meinte, jetzt ist die Kanne voll. Kontrollieren schwierig. Leintuch oder Löschpapier könnte verrutschen oder reißen und der Satz im Kaffee landen. Von purem Genuss konnte man dann nicht reden. Aber Kaffee musste sein in Kreisen, die ihn sich leisten konnten. Die anderen tranken Muckefuck aus gerösteten Gerstenkörnern.

Mit Melitta war der Kaffee sauber ohne Rückstände ein purer Genuss. Der Kaffeetisch konnte anfangen ein Kränzchen zu werden. Der Mann am Schreibtisch den Kopf wieder frei haben nach der Mittagspause. Dank Melitta. Das Team am langen Konferenztisch sich frisch fühlen wie nach zehn Kniebeugen zwischendurch. Dank Melitta.

Bohnen freuen sich auch. Müssen nicht mehr in der Dose warten, bis Hausfrau oder Sekretärin mit der Mühle kommt. Sich abquält, bis die hartnäckig sich wehrenden Braunen durch das Gewinde gedreht sind. Fertig gemahlen jetzt, aufgebrüht Duft und vollen Geschmack von sich geben. Dank Melitta. Ich wiederhole, weil ich in meiner Begeisterung einiges

Den Melitta-Porzellantrichter auf die Kanne setzen. Die heute auch Melitta heißt. Weiß aus Porzellan wie der Trichter. Und passgenau. Damit nichts verrutscht. Melitta-Filtertüte hinein und Melitta-Kaffeemehl aus der Melitta-Dose in die Tüte löffeln. Komplette Kaffee-Services gibt es mittlerweile, die

Melitta heißen. Wie auch sonst? Wo war ich stehen geblieben?

Also kochendes Wasser drauf, bis das noch blubbernde Nass den Trichter ausfüllt. Kontrollieren kein Problem. Den Trichter kurz anheben und schon sieht man´s. Der Satz bleibt wo er hingehört. So lange ziehen lassen, bis man weiß, es ist genug. Kluge Kaffeeköchinnen haben´s so lange ausprobiert, bis sie es wussten. Für den oder die, denen es schmecken soll. Stark wie Mokka, mittelstark oder sanft wie ein Täubchen. Sagte einer, der Taubenbrüstchen noch nie essen musste.

Melitta war eine Frau und hieß Liebscher. Bevor sie ihren Johannes Emil Hugo Bentz heiratete. Liebscher also verschwand wie Kaffeemehl nach dem Filtern im Mülleimer. Aber ihr Vorname lebt. Im Gegensatz zur Jungfrau von Orleans, deren Vornamen bis heute nur Franzosen kennen. Oder solche, die Schillers Drama sehen, das Textbuch in der Hand. Melitta aber kennt jeder Kaffeetrinker. Auch andere, die auf einer Straße wohnen, die Melitta heißt. In Minden, Schwäbisch-Gmünd, Sarstedt, Teltge, Stuttgart und München. Melitta in allen Haushalten, Büros, in denen Kaffee getrunken wird. Nicht Espresso oder Latte Macchiato. Ist das nichts? Es lebe Melitta, die Filtertüte!

Für alle, die wissen wollen, wie sie aussah, die Frau aus der Tüte, ein Foto, das sie im besten Frauenalter zeigt. Ein bisschen mollig. Sympathisch. Ein Lächeln ahnen lässt. Als kenne sie uns und unsere Liebe zum Kaffee seit langem. Oder ist es doch eher Entschlossenheit, das ohnehin schwere Leben der Frau ein wenig zu erleichtern?

Melitta Bentz, Erfinderin des Kaffeefilters

Die Zahl von Entdeckern und Erfindern ist unermesslich. Einige hier in diesem Buch, ihre Leistungen beschrieben. Überall sind ihre Namen präsent. In den Köpfen von Zivilisten, Militärs, Verbrauchern. Und denen von sachkundigen Spezialisten, Züchtern von Blumen zum Beispiel, die Vererbungsfaktoren untersuchen. Neue Rosensorten und andere Gewächse bekommen ihre Namen. In Fachregistern und bei Bestellungen.

Eine unübersehbare Zahl von Markenprodukten haben den Namen ihrer Erfinder. Carl Mieles Waschmaschinen. Ernst Leitz Kameras und optische Geräte. Dr. Hillers Pfefferminzbonbons. Van Houtens Kakao. Hugo Boss' Bekleidung. Robert Boschs Zündkerzen und Hausgeräte kennt alle Welt. Auch Mercedes Automobile. Wer aber war Mercedes? Es muss eine Sie sein, weil in Spanien Mercedes ein Frauenname ist. Spanien aber ist nicht das Herkunftsland des Tüftlers, der das erste verkehrstaugliche Auto erfand, soviel wir wissen. Die Firma heißt Daimler-Benz. Warum also Mercedes? Vielleicht nur ein Fantasiename? Nach zehn Gläsern Bier in die Welt gerülpst? Von cleveren Marketingprofis ersonnen und propagiert? Von allem nichts.

Mèrcédes, die 13jährige Tochter des Daimlerhändlers Emil Jellinek.

Mèrcédes war die Tochter des Autohändlers Emil Jellinek in Wien, der schon wenige Jahre nach dem Daimler gegründet war, deren Fahrzeuge in Österreich verkaufte.

Nahm 1899 unter dem Namen seiner Tochter Mèrcédes an der Rennwoche in Nizza teil. Erfolg als Rennfahrer ist auch gut für die Marke Daimler, dachte Jellinek. Schön wär´s wenn die Flitzer Mercedes hießen. Nach langen Verhandlungen mit dem Werk erhielten die Autos den Namen seiner Tochter. Mercedes ist jetzt eine der führenden Automarken der Welt.

Mercedes und nicht Daimler. Markenzeichen der Mercerdes-Stern. Nur Historiker und Insider sprechen von Daimler. Brüsten sich, stolz auf eine Vergangenheit, die nicht ihre ist: „Ich fahre einen Daimler". Sollen sie´s. Die kleine Mèrcédes würde lächeln und denken, jeder ist seines Glückes Schmied.

Es sind viele Personen zu nennen. Die epochal wirkten. Deren Namen noch lebendig sind. Henry *Ford* im Automarkt. Robert *Koch* im Institut für Tropenkrankheiten, Berlin. Gustav *Freud* für neuzeitliche Psychotherapie. Ärzte sprechen vom „Freudschen Versprecher".

Sogar Inseln in den grenzenlos weiten Meeren haben den Namen ihres Entdeckers. Norman Islands, nach einem Piraten genannt, der dorthin flüchtete. Juan Fernández Archipel in der Karibik. Besser bekannt als Robinson-Crusoe- Island. Der kein Entdecker, sondern der Held eines Romans von Daniel Defoe. Lassen wir es bei den genannten Namen. Es reicht für den Nachweis, jeder kann länger leben. Wie und als was auch immer.

Ingenieure

Der Eiffelturm in Paris verdankt seinen Namen dem Ingenieur **Gustav Eiffel**, der ihn konstruierte. Einer der ersten aus Stahl statt aus Steinen. Kühn seine Architektur. Errichtet zur 100 Jahrfeier der französischen Revolution 1889. Damals mit 312 Metern Höhe das höchste Bauwerk der Welt. Bevor es vom Chrysler-Building New York übertroffen wurde. Heute übertreffen sich die Hochhäuser am laufenden Band. Riskieren Extreme. Zeichen technischen Fortschritts. Menschlichen Wagemuts? Größenwahn? Hybris? Babels Turm stürzte ein!

Damals wurde der Eiffelturm schnell zum Symbol für die Großmacht Frankreich. Heute ist das Land eines von vielen. Aber der Turm in Paris zieht Besucher aus aller Welt an wie ein Magnet. Jeder will ihn gesehen, lieber noch bestiegen haben. Im Aufzug gefahren, wie sonst? Oben Rundfunkstation und das Sterne-Restaurant „Le Jules Verne" zu besuchen. Mit sieben Millionen Neugierigen das meistbesuchte Wahrzeichen der Welt. Ikone der Architektur und Ingenieurkunst. Nationales Symbol der Franzosen. Die waghalsige Konstruktion seit 1964 „Monument Historique", historisches Monument wie das römische Amphitheater in Arles.

Aus diesem Anlass veranstaltete man einen Wettlauf, für alle die laufen können. Treppen rauf und wieder runter. Der schnellste von 227 Läufern schaffte es in 3 Minuten und 12 Sekunden. Preis ein Fahrrad von Peugeot. Das außergewöhnliche Bauwerk aus Stahlstreben mit Treppen und Plattformen reizte auch Sportler, Akrobaten, auf ihm herum zu turnen. Normale Bürger, in ihrer freien Zeit den Helden zu spielen. Bergsteiger Guido Magnone kletterte im Mai 1964 an seiner Außenseite hinauf, als müsste er das Matterhorn bezwingen.

Bereits sechzehn Jahre früher floh ein 85jähriger Elefant aus dem Zirkus. Entschlossen höher zu kommen als auf dem sandigen Boden der Manege. Tänzerinnen zu transportieren, seinen rechten Fuß zu heben auf Kommando. Bis auf die erste Plattform kam er. Trompetete, den Rüssel schwenkend, als hätte er eine Goldmedaille gewonnen.

1983 fuhren Charles Coutard und Joel Cescuns mit ihren Motokrossrädern den Turm rauf und runter, rauf und runter. Ein Jahr später wollen Amanda Tucker und Mike Carthy von der dritten Plattform mit einem Fallschirm springen. Bekamen keine Genehmigung. Sprangen doch. Umjubelt von Menschen, die es in der Zeitung lasen.

Eiffelturm all überall - hier auf einem Hygienepapier

Der Neuseeländer A. J. Hachel wagte 1987 einen Bungee-Sprung von der zweiten Aussichts-Plattform. 1989 gelang dem Hochseilartisten Philippe Petit der Tanz über die Seine. Auf 800 Meter Drahtseil vom Palais de Chaillot zur zweiten Etage des Eiffelturms gespannt. Fünfzehn Jahre brauchte es, bis er von den Behörden die Genehmigung erhielt.

Der Erfolg riesig. 260000 vor Angst zitternde Zuschauer erleichtert, klatschten und schrien: „Philippe le grande!" Am 1. April 2008 sprang der Schweizer Ueli als Base-Jumper von der höchsten Plattform bis auf den Boden. Dahin, wo das Gras wächst. Und Zuschauer damals ihre Bodenhaftung verloren. So erleichtert waren sie, ihn lebend zu sehen.

Alles maximal. Eiffel mit zwei ff. Nicht mit einem wie die Provinz in Westdeutschland, die immer Provinz bleibt. Auch wenn einer das Gmündener Maar mit einem Stab überspringen, den Laacher See in Bestzeit durchschwimmen sollte.

Der Turm in Paris ist außerdem Veranstaltungsort und Kulisse. Am 25. September 1962 sang Edith Piaff ihr letztes Konzert auf der ersten Etage. Am 14. Juli 1995 Jean Michel Jarre eines für mehr Toleranz. Am Fuße des Turms. Die UNESCO übernahm die Schirmherrschaft.

Auf dem Weltjugendtag 1997 versammelten sich ca. 300000 junge Menschen auf dem Champs de Mars, Parkanlage vor dem Eiffelturm, Papst Johannes Paul II. zu hören. Das Orchestra de Paris unter dem Dirigat von Seiji Ozawa spielte dort klassische Musik. Eintritt frei. 800000 Besucher. Zu Jonny Hallydays Freiluftkonzert wurde der Turm zum Spektakulum. Lichter gingen an, turmrauf, turmrunter. An aus, an aus, an. Strahlen wie Finger einer Göttin wanderten über die Dächer ringsum, die Straßenschluchten, Alleen mit ihren Bäumen. Als lockten sie alles ans Licht zu kommen, was dunkel ist. Tour Eiffel der Star an diesem Abend. Visuell wahrgenommen. Akustisch vom rockenden Jonny Hallyday verinnerlicht.

Ähnliche Türme erreichten danach die Höhe des Eiffelturms in vielen Städten der Welt. Und übertrafen ihn. Von keinem aber so viele Kopien. Überall da, wo Geschäfte gemacht werden. Im Vergnügungspark Las Vegas steht eine Nachbildung. Paris und Montmarte lassen grüßen.

Auch Kunst zeigt die exaltierte Gestalt des Turms. Lockt Künstler an, die ebenfalls anders sind, anders malen. Guilaume Apollinaire pinselte ein Kalligramm in der Form des Turms aus großen und kleinen Buchstaben. Delaunay malte ihn schräg und bunt wie man es von ihm kennt. Viele Varianten seines Motivs kann man im Solomon-Guggenheim-Museum und im Centre Pompidou bewundern.

Eiffelturm, Gemälde von Robert Delaunay im Centre Pompidou Paris

Der Tour d´Eiffel wird ewig leben. So lange jedenfalls, wie Leute dorthin pilgern. Mit 200 Franc-Noten
zahlen, als sie noch gültig waren. Danach die letzte in
den Tresor. Aufbewahren wie Briefmarken im Al-
bum. Damit sie zur Hand sind, wenn einen Erinnerung überfällt. Lebt bei denen, die Schlüsselanhänger
lieben. Eine Miniatur aus Plexiglas oder Kunststoff
mit nachhause bringen als Trophäe. Ein verwertbares
Foto seines Erbauers war nicht zu finden. Aber sein
Name lebt und wird noch lange leben: Eiffel. Mit
zwei ff.

Luftfahrzeuge kannte jeder. In der Luft schweben,
höher und höher, ein Traum. Ballons konnte man
schon lange da und dort bestaunen. Ihren Weg ver-
folgen mit brennenden Augen. Der erste „moderne"
der Gebrüder Montgolfière startete am 4. Juni 1783
bei Lyon. König Louis XVI. so begeistert, dass er
eine Demonstration in Paris anordnete. Der Akademie der Wissenschaften befahl, ihre Arbeiten an fliegenden Kugeln zu beschleunigen. Seine letzte Groß-
tat, bevor er 1789 von wütenden Revolutionären ge-
köpft wurde.

Zeppeline kannte man auch in Deutschland. Seit
1900 tauchten sie da und dort am Himmel auf. Fahrende Luftschiffe, die aussahen wie überdimensionale

Zigarren. Schneller weiter kamen als Ballons, die in die Höhe strebten. Nur vom Wind bewegt von der Stelle kamen. Man kannte Zeppeline meist aus Zeitungen und Illustrierten, die ihre Leser mit Bildern neugierig machten. Den täglichen Absatz zu steigern. Alle bewunderten die fliegenden Zigarren. Schweben wie Vögel ohne Flügel. Wenn sie dann wirklich mal über ihnen flogen, hörten sie nur ein leises Summen. Der Lärm moderner Flugzeuge aber zerrt an den Nerven. Die Triebwerke an den Flügeln überschallen alles, was unter ihnen ist. Bei Start und Landung. Betäubt alle Ohren, erstickt jedes Wort. Macht unbewohnbar die Häuser.

Zeppeline haben nur kleine Stummelflügel am Heck. Das aufgeblasene Etwas aus Stahl und Stoff zu steuern. Zwei leise rotierende Motoren an Gondeln beidseits. Das Fluggerät mit Passagieren in der geräumigen Kabine ans Ziel zu bringen. Flogen zu Europas Hauptstädten. Sogar über den Atlantik viele Male. Bis das größte von ihnen, die LZ 129 Hindenburg 1937 abstürzte und verbrannte. In Lakehorst, 100 km südlich von New York. Das Ende einer erfolgreichen Zeppelingeschichte. So schien es. Bis viel später, im zweiten Jahrtausend Zeppeline zu neuen Höhenflügen starteten.

14. Juni 1783 Start der ersten Montgolfiere bei Lyon. Auf einem zeitgenössischen Kupferstich.

Ferdinand Graf von Zeppelin kein Ingenieur, aber Technik-Fan und Namensgeber dieses Fahrzeuges. Einer der vorankommen wollte. Nicht senkrecht aufsteigen wie Ballons, sondern horizontal reisen per Luftschiff in ferne Länder. Der Graf, General der Kavallerie, gewohnt schneller als andere ans Ziel zu gelangen. Die Entwicklung von Luftschiffen kam ihm sehr zupass. Vom Militär suspendiert suchte er nach anderen Möglichkeiten, dem Vaterland zu dienen. Württembergs König half ihm, weil er hoffte, ein neues Luftschiff stärkt die Reputation seines Landes gegenüber der Regierung in Berlin. Der Graf verfolgte neue Entwicklungen im Zeppelinbau. Die ersten Entwürfe zeigten die Form einer riesigen Zigarre. Ihr Skelett aus Trägern und Streben aerodynamisch geformt, mit Ballonseide umspannt. Aufgeblasen damals noch mit Wasserstoff.

Zeppelin engagierte den Ingenieur Theodor Kober. Ließ eine schwimmende Montagehalle auf dem Bodensee bauen. Um sie vor dem Start in die Richtung zu drehen, aus der günstiger Wind wehte. Kontaktete Daimler, die Motoren zu liefern. Jeder Zeppelin hatte zwei Außenbordmotoren mit Propellern zu je 14,1 PS. Ein Ausgleichsgewicht, um die Balance halten zu können bei jedem Wetter.

Das Luftschiff Zeppelin LZ 1 genannt, startete 1898 und 12000 Menschen kamen zur Jungfernfahrt. Umsäumten die Ufer, saßen auf Bäumen und Dächern der umliegenden Häuser. Das Spektakel zu erleben. Zeitungen hatten es angekündigt. Noch keine 20 Minuten in der Luft, musste LZ 1 notlanden. Die Mechanik zur Steuerung des Ausgleichgewichts versagte. Katastrophe? Ja und nein. Die Zuschauer enttäuscht und traurig. Das Jahrhundertereignis buchstäblich ins Wasser gefallen. So schien es.

Für Ingenieure und Techniker eine Chance. Sie gingen möglichen Ursachen auf den Grund. Entdeckten dabei neue Möglichkeiten, die Flugeigenschaften zu verbessern. Ein neuer Zeppelin kam vom Reißbrett in die Montagehalle. Bald konnte LZ 2 starten. Äußerlich nicht anders, aber schneller als der Vorgänger. Mit 21,6 km/h übertraf er die französische Konkurrenz La France um 10,1 km/h. Ganz Deutschland begeistert.

Sogar Reichskanzler Bernhard Heinrich Martin Karl Graf von Bülow investierte 50000 Goldmark aus einem Dispositionsfond. Menschen spendeten, eine Lotterie wurde ins Leben gerufen. Ihre Einnahmen flossen in den Zeppelinbau. Graf Zeppelin selber investierte 100000 Mark seines Privatvermögens.

Dann brach der Krieg aus. 1914 - 1918 an zwei Fronten. Zeppeline eingesetzt für die Luftaufklärung. Dann auch Bomben zu werfen. Aber die Dünnhäutigen waren empfindlich. Schnell konnten Bodentruppen sie herunterholen. Durchlöchert von Maschinengewehren verloren sie Gas, sodass sie abstürzten. Oder explodierten und ausbrannten. Die oberste Heeresleitung stoppte den Einsatz. Nach dem verlorenen Krieg gingen die verbliebenen Zeppeline als Reparationsleistung an die Siegermächte. Andere zerstört von ihren Erbauern, damit sie nicht in die Hände des Feindes fielen. Aus demselben Grund wie die deutsche Hochseeflotte. Von den Briten in der Bucht von Scapa Flow, Schottland interniert. Ihr Admiral Reuter, stolz deutschnational, befahl alle Schiffe zu versenken.

In der Nazizeit eine kurze Blüte. Hugo Eckener, Freund und Nachfolger des Grafen setzte neue Schwerpunkte. Er wollte Zeppeline bauen für Fahrten in die Welt. Städte und Kontinente besuchen im Sinne der Völkerverständigung. Luftfahrtminister Hermann Göring dagegen militärisch nutzen. Plan eines, der als Jagdflieger im ersten Weltkrieg das Glück hatte, nicht abgeschossen zu werden. Hitler aber wollte Kampfflugzeuge, keine Zeppeline.

Innenminister Josef Goebbels hatte sich durchgesetzt. Setzte sie für Propaganda aus der Luft ein. Ließ sie für die Partei über Städte und Dörfer fahren. Hakenkreuze an den Stummelflügeln. Aus Lautsprechern das Publikum bequatschen, das Horst-Wessel-Lied erklingen: „Die Fahne hoch, die Reihen fest geschlossen, SA marschiert - und wir marschieren mit". 1945 Krieg verloren, Naziverbrecher zum Tode verurteilt. Zeppelin ade?

Zeppelin Z NT (neue Technik) 2008 über New York

Heute ist Friedrichshafen ein modernes Forschungs-
zentrum. Luftfahrt generell sein Thema. Auch der
Bau neuer Zeppeline im Programm. Nachgefragt von
Tourismusfirmen. Kulturämtern, die Besuchern und
Einwohnern ihre schöne Stadt von oben zeigen wol-
len. Ein neuer Typus Zeppelin macht es möglich.
Leichter, das Gerippe aus Aluminium und Kohlefa-
ser. Sicherer, weil mit unbrennbarem Helium aufge-
blasen. Datengesteuert und mit 70 km/h schneller als
alle früheren. Zeppelin heißen sie. Und werden im-
mer so heißen. Den neuen nennen sie Z NT, neue
Technik. Bis 2008 wurden vier Luftschiffe dieses
Typs ausgeliefert. Der dritte von der Zeppelin-
Niederlassung in Île -de-France. Für Rundflüge über
Paris, das Loiretal mit seinen berühmten Schlössern
und Gärten. Am 21. Mai 2008 startete der vierte
Zeppelin NT zum Jungfernflug. Fährt seitdem für
„Airship-Venture" in den USA. Einem Unternehmen,
das Zeppeline vermietet. Captain and Stewardess in-
clusive.

Schwerelos sein, in die Luft gehen ein Mensch-
heitstraum. Wie Bilder aus Jahrhunderten zeigen. Anschaulich im Flugmodell der Entwurf des berühmten
Leonardo da Vinci in Amboise an der Loire. Ge-
sponsert von der 3M-Companie, USA. Fahrende
Luftschiffe waren immer schon zu sehen auf Bildern,
in Büchern, alten Pergamenten. Und sind es noch in

den Träumen von Millionen. Wunderbar ist es gemächlich zu schweben von Meridian zu Meridian. Von Kontinent zu Kontinent. Das Gehirn schüttet Glückshormone aus. Sehnsucht nach Dauer. Die sich bei Schallgeschwindigkeit nicht einstellt.

Wer Zeit, Lust und Geld genug hat, kann heute durch die Luft fahren statt fliegen. Den Windungen des Rheins in Slow-motion von oben folgen. Zeppelin macht´s möglich. An vielen Orten erinnern Denkmale an Zeppelin. Bilder, Modelle und Visionen im neuen Raumfahrt-Museum Friedrichshafen. Von Menschen besucht, die Zeppeline träumen. Ein frommer Wunsch? Es träumt der Mensch, solange er lebt. Auch noch in Billionen Jahren. Versprochen. Zeppelin das Stichwort.

Die Person Ferdinand Graf Zeppelin kennt niemand mehr. Nicht wie sie aussah. Aber seinen Namen. Und so lebt er ewig. Zumindest so lange wie es Menschen treibt, in die Luft zu gehen. Die zeitgenössische Fotografie zeigt einen energischen Mann.

Ferdinand Graf von Zeppelin

Künstler

Mit wem soll ich beginnen? Die Welt berauscht sich an ihren Werken. Beginnen wir mit den bildenden Künsten. Gemälden, Kupferstichen, Siebdrucken, Kreidezeichnungen. Auf Leinwand gemalt, Papier gezeichnet oder gedruckt. Prächtig umrahmt die Großen in Museen und Palästen. Unter geklammerten Glasscheiben Künstler, die kein Geld haben für Rahmen dieser Güte. Rechtfertigen sich und sagen: Ich will mein Bild zeigen. Nicht den Rahmen. Mag er noch so schön lackiert, versilbert, vergoldet oder bronziert sein. Außerdem: Nicht selten sind Rahmen ansehnlicher als das Gemälde, das sie umfassen. Meinungen über Kunst, was sie ist und was sie bewirkt, sind so verschieden wie Menschen, die sie sehen.

Dreidimensionale Kunst braucht keinen Rahmen. Allenfalls ein Podest. Eine Skulptur, ein Relief ist zum Greifen nah. Plastisch im Sinne des Wortes.

Beginne mit zahllosen **Unbekannten Künstlern** aller Gattungen aus Jahrtausenden. Deren Namen keiner kennt, weil sie nur Zeichen sind. Buchstabe, Zahl, Signet, ein Kreuz, Halbkreis oder andere geometrische Figuren bei Steinmetzen zum Beispiel. Nicht wenige sind völlig anonym. Egal, ob unsigniert, nur

Zeichen auf Papier oder Leinwand. In Stein geritzt, geschnitten. Die Frage bleibt. Sind sie Zeichen der Demut von Künstlern? Oder Vorgabe von Auftraggebern? Die zeigen wollten, was für sie wichtiger war. Der Glaube ans Jenseits. An die Macht Gottes und seiner Engel. Heilige als Vorbild. Das Jüngste Gericht als Warnung. Themen aller Künste im christlichen Mittelalter. In Ägypten ist das Leben nach dem Tod das wichtigste Thema. Mag sein, dass dort Künstler sich wirklich als demütige Arbeiter sahen. Im Dienste ihres Pharao. Erfahrene Kunsthistoriker können Zeichen der Entstehungszeit zuordnen. Mehr aber nicht.

Die Portalanlage der romanischen Basilika in Arles, Südfrankreich beeindruckt uns mit ihren Skulpturen aus Kalkstein, deren Schöpfer wir nicht kennen. Die formale Gestaltung als integrierter Bestandteil der Architektur weist ins frühe 12. Jahrhundert. Ein plastisches Abbild der damaligen Weltsicht. Aufrecht wie Tempelwächter stehen die wichtigen Heiligen der Zeit. Prominent der erste christliche Märtyrer St. Stephanus und der erste Bischof von Arles, St. Trophime. Nach dem die Basilika benannt ist.

Kleiner dargestellt das erzählerische Beiwerk. Apostel und Auserwählte im durchlaufenden Fries. Auserwählte in Gewändern, Verdammte nackt auf den Innenwänden des Portals. Auf dem Weg zu Himmel

St. Trophime, Detail der Portalanlage der Basilika in Arles, Provence

oder Hölle. Dazwischen Figuren und Szenen aus dem Alten Testament. Das Doppelportal krönt ein Triumphbogen, Tympanon genannt. Mit Christus als Weltenrichter. Umgeben von den Symbolen der vier Evangelisten: Engel, Adler, Löwe und Stier. Alle mit Flügeln, nicht nur der Engel, das Symbol für Matthäus.

Alles aus hellem Kalkstein des nahen Gebirges gesägt, gemeißelt, geriffelt und geglättet. In Jahrhunderten dunkel geworden. Mit architektonischen Elementen der Antike eingefasst, dekorativ umrahmt. Ein Wunderwerk der Bildhauerkunst. Große Kunst, von Steinmetzen geschaffen, deren Namen der eine oder andere gerne wüsste.

Fast dreitausend Jahre älter die ägyptische Kunst. Bilder und Skulpturen von Pharaonen, die Symbole der Götter auf Erden waren. Macht repräsentierten und den gläubigen Respekt ihrer Untertanen. Die einundzwanzig Meter hohen Ramses-Statuen neben dem Tempeleingang in Abusimbel zeigen es deutlich. Aus dem Gestein des Gebirges gesägt. Gemeißelt, gerundet, solange bearbeitet, bis vier große Pharaos Ramses II. zu sehen waren. Ramses der Geliebte des Gottes Amun, des Gottes Atum. Ramses Herrscher über Ober- und Unterägypten. Jeder der vier auf einem Thron sitzend, wie es sich für Könige gehört.

Für Skulpturen, die nicht direkt am Ort des Tempels aus dem Gebirge geschnitten wurden, mussten einzelne Steinbrocken auf Feluken, Nilbooten, bis zum Bestimmungsort transportiert werden. Die wichtigsten Tempel liegen beidseits des Nils. Über längere Landstrecken waren Kamele geduldige Lastenträger. Menschen schleppten oder rollten die Steinbrocken an die Baustelle. Maurer und Steinmetze verarbeiteten sie zu Tempeln, Pharaonen, Göttern und Symbolen. Schnitten unzählige Hieroglyphen in alles Gebaute, ihren König und die Götter zu preisen.

Ebenso eindrucksvoll die mächtigen Säulen der Tempel. Übersät mit Hieroglyphen. Die skulptierten Kapitelle an ihrem oberen Ende wie prächtige Kronen aufgesetzt. Nicht zuletzt die Grabkammern. Ausgemalt in Farben, die trotz Rissen und abgeblättertem Putz heute noch leuchten, als wären die Maler eben erst gegangen. Szenen, in denen Menschen mit Göttern und Göttinnen Umgang pflegen. Menschen, deren Körper gestorben, aber sie selber nicht tot waren. Damals glaubte man an ein Weiterleben nach dem Tod. Dafür musste ihre Seele in den Körper zurückkehren.

Damit sie ihn wiedererkannte, mumifizierte man die Leichname. Und der Verstorbene sah so aus wie die Seele ihn kannte, bevor sie ihn verließ. Präparierte den Körper innerlich und äußerlich, damit er nicht verwese. Ein aufwändiges Verfahren, bei dem das Gehirn durch die Nase, innere Organe durch den Anus entfernt wurden. Übrig blieb nur das Gerippe mit der Haut darüber. Pharaonen und hoch gestellten Beamten, Hofschreibern zum Beispiel, ließ man das Herz im Körper. Magen, Leber, Nieren, Lunge bewahrte man in Tongefäßen, sogenannten Kanopen auf. Und stellte sie zur Mumie in die Grabkammer. Der Mensch wieder komplett. Ihre Körper blieben lange ansehnlich, weil sie mit getrockneten, wohlriechenden Kräutern ausgestopft waren.

Viele ließen die Schilderung der Einbalsamierung des Totengottes Osiris auf die Innenwände ihres Sarges schreiben. Hofften damit ewig zu leben wie ihr Gott.

Auch war es Usus, noch zu Lebzeiten hergestellte Büsten der Verstorbenen in ihre Grabkammern zu stellen. Von Königlichen Hoheiten besonders prächtige. Nofretete, heißt auf Altägyptisch „die Schöne kommt", ist heute wieder zu bewundern im Ägyptischen Museum Berlin. Nach jahrelangem Exil im Stühlerbau. Auch Hatschepsut, Jahrhunderte von ihrem Volk verehrt. Büsten von ihr im Staatlichen Museum von Kairo. Kleopatra erwähnen die römischen Potentaten Caesar und Antonius in ihren Annalen. Sie war beider Buhlschaft, um starke Beschützer zu haben gegen interne Konkurrenten.

Büste der ägyptischen Königin Nofretete, der Stiefmutter Tut-
enchamuns, im Berliner Ägyptischen Museum.

Im fast zweitausend Jahre späteren Film wieder gerühmt. Kleopatra dargestellt von Elizabeth Tayler. Millionen Kinobesucher haben sie gesehen und dafür bezahlt. Drei Stunden dreitausend Jahre Ägyptische Geschichte erlebt mit einem Star des 20sten Jahrhundert als Königin. Gefeiert bis Sophia Loren am Sternenhimmel aufstieg. Filmstars haben ihre Zeit. Kleopatra aber lebt immer noch. Urbild einer Verführerin? Königlichen Maitresse? Frauen haben größere Chancen auf diese oder andere Art zu überleben.

Sen-nefer ein Mann, den die meisten nicht kennen. Schon gar nicht die Meisterwerke der Künstler, die seine Grabanlage ausmalten. Sen-nefer war Bürgermeister von Theben am Nil. Lebte ca. 1500 v. Chr. Für Wissenschaftler und Ägypten-Fan noch lebendig in seiner Grabanlage. Sie ist größer als übliche Kammern für Staatsbeamte des Pharao.

Mit einem langen gebogenen Gang, einer kleinen Vorkammer und einem großen Raum. Pfeilersaal genannt. Vier mächtige Stützen ließen sie stehen beim Aushöhlen des Gebirges. Die Last darüber abzufangen. Nicht so wertvoll mit goldenen Geräten ausgestattet wie die der Pharaonen, aber eindrucksvoll. Ein gut erhaltenes Zeugnis ägyptischer Weltanschauung. Unverzichtbar für jeden, der die Menschen von damals und ihre Rituale verstehen will.

Tote werden wieder auferstehen, glaubten sie. Und versorgten sie mit Maisbrot, Brei in Töpfen. Frischem Obst und Wein oder Bier in Krügen immer wieder. Stellten Möbel und Hausgerät um den Mumiensarg. Lotusblüten in eine Vase. Schminke im Schälchen. Ein Spiegel. Elfenbeinspatel und Salböl für rituelle Handlungen. Bei denen man von Zeit zu Zeit Mund und Augen öffnete. Lebenskraft einzulassen, die Seele zu stärken in ihrem Innern. Wie die aufgehende Sonne am Morgen Licht und Leben spendet. „Ka" nannten Ägypter die Seele des Menschen. Dass sie nicht starb, war für sie selbstverständlich.

Die Grabanlage Sen-nefers zeigt die letzte Wohnstatt eines Ägypters, von dem wir wissen, er war ein vermögender Mann. Vornehm sollte sie sein wie sein Haus in Theben und reich ausgemalt. Dazu musste man sie aus dem felsigen Berg heraushauen. Die rauen Innenwände glätten. Mit einem Mörtel aus Nilschlamm und Häcksel. Löcher zuspachteln. Kalkmilch darüber streichen, bevor Künstler die jetzt glatten Flächen bemalen konnten. Mit Farben, die ihnen die Natur ringsum reichlich anbot. Gelb und Rottöne aus Ockerstein.

Sen-nefer, seine Frau Merit und Dienerin mit Lotusblüten in ihren Händen. Symbol für ihre Wiedergeburt. Wanddetail in der Grabanlage.

Blau- und Grüntöne aus Malachit, einem Kupfer-oxyd. Weiß aus Kalziumkarbonat und Schwarz aus Ruß. Auf den Wänden des Saales und ihrer vier Pfeiler eine farbenfrohe Bildergeschichte. In deren Betrachtung wir uns gerne länger hineinversetzten. Wenn nicht die Zeit auf einer Reise zu knapp wäre. Es macht Sinn, vorher Bildbände über Sen-nefers Grabanlage zu studieren. Und später in Ruhe alles Gesehene nachzuvollziehen. Bilder mit vielen Details und sachkundigen Texten in Philipp von Zaberns Buch „Sen-nefer" zum Beispiel.

Die Grabanlage zeigt keine Szenen des Alltags an den Wänden, auf den Pfeilern. Obwohl es so aussieht. Im Gegensatz zu den Häusern, die sie vorher bewohnten, sind die Bilder Gleichnisse. Für ein Leben nach dem Tod. Sen-nefer und seine Frau leben weiter. Dominant die Räume durchschreitende Akteure eines grandiosen Schauspiels. Von Hathor, Göttin der Liebe gesegnet. Lebensgroß abgebildet. Bedeutete: wir sind nicht tot, wir leben.

Stehen sich gegenüber, in beider Hand eine Lotus-blüte. Symbol des Weiterlebens nach dem Tod. In einer anderen Szene bewegt sie das Sistrum, ein Schlaginstrument. Sie liebte den Rhythmus. Nebeneinander auf einer Bank, er mit einer Art Zepter, sie mit einer Lotosblüte. Diener tragen Geräte, Möbel, ein

Bettgestell. Knien die meisten, als wären sie auf dem Sprung, den Willen ihrer Herrschaft zu erfüllen.

Wohin man auch blickt Hieroglyphen, eine für uns unlesbare Schrift. Hätte nicht Jean Francois Champollion 1822 sie auf dem dreisprachigen Stein von Rosetta entziffert und übersetzt, könnten wir sie nicht lesen. Hätten nur wenig Kenntnis von der Geschichte einer Weltmacht mit vielen immer noch ungelösten Rätseln.

Wieder bei Sen-nefers Grabanlage. Die gewölbte Decke schmückt ein Teppichmuster. Rankende Reben eng miteinander verflochten. Ein wunderbares, dekoratives Geflecht aus tonigen Farben. An den Übergängen zur Wand Nechbet, Schutzgöttin der Pharaos. An anderer Stelle Schakale auf einem Türsturz. Von Ägyptern als Totengott verehrt. Und Augen. Diese typisch für Ägypter geschminkten Augen. Schwingende Linien umranden sie bis an die Schläfen. Betonen die Symbolkraft des Auges. Sonne war in der ägyptischen Vorstellung das physisch mit den Augen wahrnehmbare Zentralgestirn unseres Planetensystems. Auge das Symbol des Sonnengottes Re, des Schöpfers der Welt.
Sen-nefers Grabkammer wird Haus der Ewigkeit genannt. Er selbst überlebte Jahrtausende in vielen Bildern. Der Spruch auf einem Alabastergefäß passt an

diese Stelle. Grabbeigabe Tutenchamuns, eines mit 19 Jahren gestorbenen Pharaos.

„Möge dein Ka Millionen Jahre leben. Oh du, der du Theben in alle Ewigkeit liebst, indem dein Antlitz dem Nordwind zugekehrt ist, und Glückseligkeit in deinen Augen liegt."

So gesehen lebt Sen-nefers Seele weiter. Jedoch völlig unbekannt sind die Maler, Schnitzer, begabte Handwerker und Innenausstatter. Vergessen wie viele andere, die ihre Welt malten, skulptierten, in schönen Worten beschrieben. Selbst das Hohelied Salomos, von Luther ins Deutsche übersetzt, hat keinen Autor, dessen Namen man kennt. Die zauberhaften Verse des Liedes aber lesen Verliebte sich gegenseitig vor. Und glauben, sie seien König Salomo und Hyazinthe.

Zurück oder besser weiter voran in der Zeitrechnung. Um 1500 beginnt die Renaissance, Wiedergeburt der Antike. Der Mensch neu entdeckt nach Jahrhunderten. In denen nur Gott in drei Personen zu existieren scheint und unzählige Heilige. Gestalten in lange Gewänder gehüllt. Renaissance zeigt den Menschen nackt, wie er ist, wenn er auf die Welt kommt. Oder in Kleidern, die den Körper darunter durchscheinen lassen. Statuen aus Marmor überzeugen sofort. Auf Postamenten, damit man herumgehen kann, sie von allen Seiten betrachten. Hinaufschauen auf Höheres. Wie früher auf Gott. Den David von Michelangelo zum Beispiel.

Michelangelo-Buonarotti. Schon bin ich bei den Großen der neueren Kunstgeschichte. Wer kennt diesen Renaissancekünstler nicht? Den größten, sagen einige. Die Sixtinische Kapelle im Kopf. Auf deren Wänden und Decken er farbige Fresken malte. Die Szene von der Erschaffung des Adam mit einer Geste darstellt, die niemand vergisst, der sie sah. Ein bärtiger Gott im wallenden Gewand streckt seinen Arm aus. Mit dem Zeigefinger seiner rechten Hand den Finger eines nackten Mannes nicht berührt. Als zögere er, den werden zu lassen, der er sein soll: Ein Mensch. Wissend, was aus ihm und seiner Nachkommenschaft wird. Erfüllt aber sein Versprechen und lässt die Schöpfungsidee wie einen Funken fliegen. Von Zeigefinger zu Zeigefinger. Adam nannte er den Unberührten. Aus gesicherter göttlicher Distanz.

Ob den Künstler solche Gedanken bewegten, wissen wir nicht. Wahrscheinlich beschäftigten ihn praktische Probleme, die er lösen musste. Technische der Freskomalerei über Kopf auf schwankendem Gerüst. Formale, die er als Mensch der Renaissance aber bravourös bewältigte. Kraftstrotzende Figuren zeigen unübersehbar die Wiedergeburt des Menschen. Vor dem Hintergrund romanischer und gotischer Bilder und Skulpturen der Schritt in eine neue Zeit.

Seine Gedichte kennen die wenigsten. Die aber schätzen sie. In Sprache und Rhythmus Annäherungen an die Thematik antiker Philosophen, den frühmittelalterlichen Petrarca. Immer Ausdruck seelischer Verfassung, wechselnder Stimmungen von ihm selbst.

Jeder Romfahrer kennt den Petersdom mit der großen Kuppel. Michelangelo hat sie entworfen. Künstler waren nicht selten Bildhauer und Architekt. Auch heute sind nicht wenige vielseitig talentiert wie in der Antike. Größer sollte Michlangelos Kuppel werden als die des Doms in Florenz mit 45 m Durchmesser. Letztendlich fehlten mehr als zwei Meter statt ihn zu übertreffen. Mächtig aber der Gesamteindruck eines Bauwerks, das Zentrum einer Weltreligion ist. Klassisch geradezu sein David in Florenz. Vom Palazzo Vecchio an der Piazza della Signoria in die Accademia di belle arti umquartiert. Restauriert, nachdem Luftverschmutzungen den weißen Marmor partiell angefressen, der schöne, überlebensgroße Jüngling weniger ansehnlich geworden war.

Michelangelo Buonarotti , Maler, Bildhauer, Architekt und Dichter 1475 - 1564 , Gemälde von Daniele da Volterra.

Mächtig auch seine Skulpturen auf der Grabstätte der Medicis. Einflussreiche Fürsten im Ständestaat Toskana. Man spürt den Aufbruch in eine neue Zeit. Renaissance, Wiedergeburt der Antike mit ihren realistischen Körpern aus Marmor, in Bronze gegossen, aus Holz geschnitzt. Gezeichnet und gemalt. Menschen wie wir sie kennen. Vom Künstler realisiert. Wie zu allen Zeiten den Vorstellungen der jeweiligen Mode folgend. Damals so, heute so und morgen nicht anders.

Michelangelo bezog sein Material aus den Marmorbrüchen in Carrara. Bis heute die Bezugsquelle für Künstler, die den Ausdruck ihrer Skulpturen mit dem makellosem Weiß des Steins noch steigern wollen. Teurer ist Carrara schon als andere. Man sieht´s.

Viele halten **Leonardo da Vinci** für das größere Genie. Weil er ein universeller Künstler war. Malte nicht nur Fresken und Bilder. Sondern untersuchte auch physikalische Gesetzmäßigkeiten. Definierte den idealen Menschen mit dem Kreis. Konstruierte Militärgerät, Flug- und Belagerungsmaschinen. Seine Abendmahlsszene übertrifft alles Gemalte seiner Zeit. Heute für das berühmteste Bild generell gehalten. Bekannt in der ganzen christlichen Welt.

Secco-Malerei nennen Fachleute die Technik, wenn Farbe auf getrockneten Putz aufgetragen wird. Nicht auf den frischen wie meist, der besseren Haftung wegen. Fresco-Malerei genannt. Im Refektorium des Dominikanerklosters Santa Maria delle Grazie in Mailand kann man das in vielen Jahren mühsam restaurierte Secco-Original bewundern. In unzähligen Kopien. In frommen Büchern, auf Glanzbildchen für Kommunionkinder daran erinnern: ihr seid eingeladen.

Bekannter doch das Portrait der Gioconda, Ehefrau des florentinischen Kaufmanns Francesco di Bartolomeo di Zanobi del Gioconda. Modell, das jeder als Mona Lisa kennt. Zumindest davon gehört irgendwann von irgendwem. Es hatte eine wechselvolle Geschichte, bis es heute Im Musée du Louvre, Paris hängt. Von Millionen bewundert, bestaunt, befragt, weil sie zu lächeln scheint.

Leonardo nahm das auf Pappelholz gemalte Bild unfertig mit nach Amboise. Als ihn König Francois I. holte, die technische Ausrüstung seiner Truppen auf den neuesten Stand zu bringen. Malte es fertig, signierte es nicht. Stieß seinen Kopf an den niederen Türbalken eines Tages. Und starb kurz darauf. Seine Lisa aber lebt bis heute.

Leonardo da Vinci , Universalgenie 1452 - 1519 Selbstbildnis.

Alle Welt rätselt: Lächelt sie oder lächelt sie nicht? Aus welchem Grund mag sie wohl lächeln. Ein Zahnarzt meinte, ihr fehlten zwei Schneidezähne. Deshalb die zum Lächeln verzogenen Lippen. Ein anderer, Faszalis habe ihre Mimik gelähmt. Wer steckt hinter dem Portrait? Wer ist dieses Modell? Streiten sich gelehrte Häuser. Und solche, die sich dafür halten. Könnte es nicht ein Jüngling sein? Andrea Salaino Florentine? Junger Mann mit femininer Ausstrahlung, den er viele Male zeichnete. Die Fragen bleiben Fragen. In den Köpfen aller Kunstliebhaber, Lehrenden, Betrachtenden. Mona Lisa aber lebt. Und mit ihr Leonardo Da Vinci. Ewig vielleicht? Mit menschlichem Maßstab gemessen ja. Mit speziellen Computerprogrammen zerlegten Experten seine Mona Lisa in zehn Schichten. Und entdeckten endlich die echte unter dem Bild, das alle für das Original hielten. Ob es echt ist? Die Frage bleibt eine Frage.

Die Liste der Künstler bräuchte Kilometer Papier von der Rolle. Alle zu nennen unmöglich. Ungezählte unbekannte unter ihnen. Thraker z. B., die Figuren, Gefäße, Schmuck aus purem Gold formten. Der Cro-Magnon-Mensch der Vorzeit, der in den Höhlen von Lascaux mit Holzkohle und Ockerstein fantastische Jagdszenen zeichnete. Bei allen Völkern dieser

Erde solche Genies, die Einmaliges schufen. Andere noch nicht an der Öffentlichkeit waren. Erst mal nur ganz privatim das ausprobieren wollen, was in ihrem Kopf noch unklar ist. Erleichtert, wenn sie es dann gefunden haben. Gemalt, gezeichnet, in Kupfer gestochen. Aus Holz geschnitzt, aus Ton geformt und in Bronze gegossen. Aus Plastilin geknetet, aus Stein gebosselt. Ausgestellt, verkauft, drauf sitzen geblieben. Oder nur in ihrer Fantasie entstanden und nie das Licht der Welt erblickt.

Einen aber muss ich noch nennen. Einen, der es wagte, alle bisherigen Gesetze der Kunst und ihre Klassifizierungen zu ignorieren. Sein Innerstes nach außen zu kehren. Extremer und konsequenter als die Impressionisten vor ihm. Die Kollegen neben ihm. Die Öffentlichkeit entsetzt oder begeistert. Je nach Standpunkt. Kunstexperten loben die geradezu klassische Balance seiner Werke. Vielleicht ist es das, was sein Genie ausmacht.

Pablo Picasso. Der Maler der Moderne. Einer von vielen. Aber der bekannteste. Das Jahrhundertgenie nennen ihn Kunstexperten. Weil er bisherige Vorstellungen auf den Kopf gestellt hat. Von dem was Kunst ist und sein kann. Nach Versuchen im Stil des Neoimpressionismus für ihn wichtige Perioden. Er hat alles versucht, ausprobiert auf hunderte Blätter Papier skizziert. Leinwände bemalt, in Holz geschnitten und gedruckt. Ton geformt und gebrannt. In Holz, Stein oder Metall geritzt, gedruckt. Gewagt und gewonnen. Blau, Rosa, Schwarz, von Afrikas Kunst beeinflusst. Surrealistisch, kubistisch. Bis er gegen Ende seines Lebens zum Realismus zurück fand, wie er ihn verstand. Seine Tauromaquias, Stierkampfszenen, erinnern an die gleichermaßen physische Kraft und Eleganz der frühzeitlichen Höhlenmalerei in Afrika und Lascaux.

Picasso, mit vollem Namen Pablo Ruiz y Picasso, war ein Künstler, der sich selbst vertraute. Instinktiv bei jedem Werk spürte, wie das Resultat aussehen wird. Auf das die ganze Kunstwelt neugierig wartete. Wie auf wenige Bilder seiner Zeitgenossen, Braque, Mondrian, Dali. Picasso radikal, ein Meister in jedem Stil, den er zu seinem machte. Bestrebt, einfache Dinge groß zu machen. Auf seine Art zu interpretieren. Trotz aller formalen Unterschiede ist jedes Werk unverkennbar Picasso. Einer, der besessen wie im Trance arbeitete. „Es malt", sagte er einmal in einer Phase der Nüchternheit.

Afrikas ausdrucksstarke Kunst hat Picasso schon 1907 in seinem Gemälde „Les Desmoiselle d´Avignon" beeinflusst. Auslöser des Kubismus in der abendländischen Kunst.

Dachte neu, sah alles neu. Probierte aus, zu was Kopf oder Umgebung ihn anregten. Unter seinen Händen wurde es so anders, dass es alle überraschte und wieder nicht. Weil es ein Picasso war. Aufgelöst die bekannten Formen und gleichzeitig das Wesen einer Figur oder eines Gedankens betont. Frauen sein Thema. Modelle beim Malen, Zeichnen, Skulptieren. Geliebte und Ehefrauen in seinem Leben. Zweimal verheiratet. Mit Jaqueline 12 Jahre, mit Olga 38 bis zu seinem Tod. Geliebte Dora, Jaqueline, Francoise, Fernande. Wir kennen sie aus seinen Bildern. Aus der blauen Periode, der Rosa, der kubistischen, die 1907 en vogue war. Mit dem Gemälde „Les Demoiselles d´Avignon" begann sein Weltruhm. Thematisch orientiert an einer griechischen Sage.

Der Maler Xeuxis holte sich fünf der schönsten Jungfrauen der Insel Kroton als Modell. Kombinierte deren jeweils schönstes Körperteil zu einer Idealfigur. Picasso übernahm diese Idee. Holte Freundin Fernande, Modell zu stehen. Zeigte sie in fünferlei Gestalt. Kantig verfremdet, mit verschobener Nase, neben- und hintereinander gestellt. Kräftiges Rosa abschattiert, aufgehellt, einiges vom Blau, Dunkles für Tiefe.

Ein Unkundiger könnte das Gemälde für ein missglücktes Frauenbild halten. Picasso aber nach hunderten Skizzen, Radierungen war seiner Sache sicher. Körper und Glieder wie in Natura. Wenn fünf Frauen beieinander stehen. Jede so wie sie will, wie sie sich gerade fühlt. So sah er es damals.

Kubistisch mit einem Schuss Afrika. Es wurde ein Meisterwerk. Das Schlüsselbild der Klassischen Moderne. Das Original hängt im Museum of Modern Art in New York.

Weltweit bekannt sein Gemälde „Guernica". Das 3,50 x 7,77 m große Bild ein einziger Aufschrei. Picasso protestierte mit ihm gegen den Luftangriff auf diese Stadt in Nordspanien. Die Ermordung zahlloser Menschen auf Befehl Francos 1937. Mit Unterstützung von Hitlers Legion Condor. Picassos Bild beschreibt das Drama wie eine antike Tragödie. Menschen schreien, Pferd und Stier bäumen sich auf, Arme recken sich zum Himmel.

Seine politische Einstellung zeigt ein Symbol. Auch bei solchen bekannt, die mit Kunst nichts am Hut haben. Seit dem Weltfriedenskongress in Paris 1949 kennen Millionen sein Plakat. Meisterlich mit wenigen schwingenden Pinselstrichen die Form einer fliegenden Taube zum Signet gemacht. Plakatmotiv eines einzelnen für die ganze Welt. Taube, das Symbol des Friedens seit Jahrtausenden. Größer kann ein

Künstler nicht sein. Ewig lebt er in den Köpfen von Kriegsgegnern, friedensbewegter Gemüter. Es wird sie immer geben. Solange die Welt nicht in Ordnung ist. Sie wird es lange nicht sein. Sehnsucht aber bleiben. Pablo Ruiz y Picasso ist mit von der Partie. In Gestalt seiner Taube.

In der Musik ist es *Johann Sebastian Bach*, der Meer heißen müsste, wie Beethoven sagte, selber ein Großer. Seine Kompositionen unerhört vielseitig. Die großen Werke für kirchliche Anlässe aber sind bekannter beim großen Publikum als seine Kammermusiken. Gott der Allmächtige und der Barmherzige in allen Kantaten, Oratorien und Messen. Töne, die himmlisch jubeln wie Trompeten. Und trauern wie Rohrflöte oder Gambe im Register der Orgel. Bach ist seitdem der Inbegriff religiöser Musik. Von Musik schlechthin.

Wer in Amorbach die Barockorgel in der Abteikirche hörte, vergisst es nie. Auf vier Manualen, den Spieltischen mit Tasten und einem Pedal lassen Organisten 5116 Pfeifen erklingen und ein Glockenspiel. Klangfarben aus dem Malkasten der Götter. Für jeden Ausdruck des Gefühls, aller frommen oder weltlichen Gedanken, die ein Mensch haben kann. Gläubig oder nicht. Orgel frohlockt, jubiliert und weint. An- und abschwellen die Töne. Dröhnen. drängen, dringen

durch Mark und Gebein. Entschweben im Flüsterton.
Pianissimo einer Nachtigall.

Johann Sebastian Bach Komponist und Organist 1685 - 1750
auf einem Gemälde von Elias Gottlob Haussmann 1748

Nicht anders die Matthäuspassion. Chöre singen, Orchester mit Geigen, Bratschen, Celli, Flöten, Oboen, Harfen, Posaunen, Pauken tönen wie Schmerz, Mitleid und Traurigkeit. Bis an die Grenze des Erträglichen. Getröstet immer wieder durch ruhig dahinströmenden Chorgesang. Erlösung ist nahe. Die ganze Leidensgeschichte des Gottessohnes ein barockes Drama. Einfühlsam kommentiert vom Evangelisten.

Die Matthäus-Passion wurde 1727 in der Thomaskirche, Leipzig uraufgeführt. Danach von Musik neuer Komponisten aus Kirchen und Konzertsälen verdrängt. Bis der erst zwanzigjährige Felix Mendelsohn Bartoldy sie entdeckte und 1823 wieder aufführen ließ. Von ihrer Bedeutung für die Musikwelt überzeugt. Seit dem neunzehnten Jahrhundert Pflichtprogramm in jedem Jahr vor Ostern. Für Probste, Chor- und Orchesterleiter.

Die später geschriebene Johannespassion wird seltener aufgeführt. Vielleicht drückt sie nicht authentisch genug das Leiden eines Gottes aus. Im Verständnis der damaligen Zeit. Aber musikalisch eine Stufe höher noch, finde ich.

Vollkommener, wenn man vollkommen steigern könnte, musikalisch ausgeglichen. Dem Barock entrückt in Richtung Klassik. Peter Pears Evangelist fällt mir ein. Tenorstimme, die weinte, wenn er das Wort weinen dehnte, als nähme es kein Ende. „Petrus aber leugnete seinen Herrn, ging hinaus und weinnnnnte bitterlich". Nicht vergessen. Genau dieses Weinen im Ohr, heute noch.

Barocke Gemälde, Skulpturen, Kirchen und Paläste fallen mir ein. In denen sich dieses barocke Lebensgefühl ausdrückt. Realistisch und zugleich expressiv. Ein Lebensgefühl, das in den Werken der Künstler seinen formalen Höhepunkt fand. Zu sehen auf Bildern Peter Paul Rubens, Caravaggios, Cosmas Damian Adams. In Skulpturen Berninis in Rom. Permosers in Schwaben. Zu hören in Kirchen und Konzertsälen. Nicht nur von Bach. Italienische, französische, Komponisten in allen Konzerten. Barockes zu lesen in Versen Paul Flemings. Zu besichtigen in Kirchen und Schlössern Balthasar Neumanns.

Sogar die Mode hatte sich nach dem 30jährigen Krieg erholt. Zeigt Wohlstand und Stimmungen. Alles barock. Gebauscht, gekraust, mit Hüten wie Blumenbeete. Solche Plastiken können Sie im Park von Veitshöchheim erleben. Barock besungenes Lebensgefühl. Aus Stein gehauen. Ewig wie die Musik Johann Sebastians.

Am 11. Januar 2017 in Hamburg Eröffnungskonzert der neuen Elbphilharmonie. Glitzernde Konstruktion gewagt expressiv. Ehemaligem Speichergebäude aus dunklen Ziegelsteinen als gläserne Ikone der Moderne aufgesetzt. Das Konzert im akustisch optimal austarierten Raum eine Reverenz an die Überzeitlichkeit der Musik. Dirigent Thomas Hengelbrock hatte sie aus fünf Jahrhunderten ausgewählt. Von der Renaissance mit Praetorius über Barock, Klassik, Romantik bis Wolfgang Rihm, einem Neutöner. Alles von Orchester, Chor und namhaften Solisten begeistert gespielt und gesungen. Tenor Philippe Jaroussky einer dieser Sänger. Den man den Strahlengott der Countertenöre nennt. Singt „Amarilli mia bella", Lobgesang auf die Liebe von Giulio Caccini, einem Barock-Komponisten.

Seit der frühen Renaissance bis zum späten Barock spielten und sangen mit einer Kopfstimme begabte Tenöre die Rollen von Frauen. In Opern und Singspielen. Wieder aufgelebt sind sie heute der Star in den Konzerten.

Bei **Ludwig van Beethovens** Schlusschor seiner neunten Symphonie stieg die Spannung, man sah es an den erwartungsvollen Gesichtern, den sich bewegenden Lippen. Als wollten sie mit einstimmen. In den jubelnden Abschluss des Eröffnungskonzertes: „Freude schöner Götterfunken, Tochter aus Elysium", „Seid umschlungen Millionen. . ." Auch die Ode Schillers, vom Komponisten in Musik umgesetzt, stirbt nicht wie Bachs oder Beethovens Musik. Wie Musik überhaupt, gleich welcher Couleur und von wem. Musik ist die Sprache der Engel. Und Engel können nicht sterben. Weil Gott der Herr sie zu seinem Lobpreis braucht. Sagen die einen. Zur Beruhigung der anderen: Nicht Engel sind im Spiel, sondern das menschliche Gehirn. Wissenschaftler haben herausgefunden, dass das Gehirn bei gern gehörter Musik Glückshormone ausschüttet. Und - Sehnsucht nach Dauer.

Die als Bachinterpretin weltbekannte tschechische Cembalistin *Zuzana Rüžičkovà* bestätigt: „Bach ist Überleben. Seine Musik hat mich den Holocaust überleben und neunzig werden lassen. Ich werde nicht aufhören Bach zu spielen. Und, wenn mir die Finger absterben, in Gedanken weiterspielen. Lauschen seiner Musik aus dem Lautsprecher. Glücklich bis zur letzten Sekunde meines Lebens".

Juliette Greco. Immer noch singende Chansonette auf den Bühnen dieser Welt. Was macht sie so anders? Ist es ihre leicht verrauchte Stimme? Sind es die gesellschaftlichen Zustände, die sie besingt? Den Alltag der Menschen, ihre Gefühle. Das Phänomen der Liebe? Unvergessen ihr: „Parlez moi d´amour" Sprich mir von Liebe.

In den Jahren des 2. Weltkrieges war sie auf sich allein gestellt. Ihre Mutter, aktiv in der Résistance gegen die deutschen Besatzer, hatte keine Zeit für sie. Juliette, von Kind an gewohnt zu singen, trat in Cafés auf. Mutig geworden auch in Diskotheken. Lernte im „Tabou", einer Existenzialisten-Disko, Orson Welles, Marlene Dietrich kennen. Und Jean Paul Sartre. Der bat sie, Gedichte von ihm zu singen. Überrascht und glücklich ließ sie die Texte von Freund Josef Kosman vertonen. Andere Schriftsteller folgten Sartres Beispiel: Francoise Sagan, Jaques Prévert, Francois Mauriac, Albert Camus. Alle bereits durch ihre Bücher bekannt. Nicht lange, und die Greco durch die eigene Art ihres Vortrags.

Ihre Anhänger feierten sie als „Königin der Existenzialisten" und „Muse von Saint-Germain-des-Prés". Ihre Texte waren und sind politisch, gesellschaftskritisch, intellektuell. Und trotzdem nah allen, die fühlen. Sehnsucht haben im Herzen nach Liebe, die dauert. Präsent auf Schallplatten, die wieder modern sind. Auf Bändern und CDs verewigt. Musik, die Glückshormone ausschüttet. Wie bekannt.

Zurück ins späte Mittelalter, zum geschriebenen Wort. Der Dichter **Dante Alighieri** gut informierter und fantasiebegabter Berichterstatter von Zuständen im

Diesseits und Jenseits. Das Thema inspirierte ihn zu seiner „La Divina Commedia" Göttliche Komödie. Geboren und aufgewachsen in einer Zeit, in der das fromme Mittelalter seinem Höhepunkt entgegen steuerte. Die Kirche in Rom mit ihrem Gott im Himmel herrschte. Hölle mit Luzifer an der Spitze von tausend Teufeln die große Konkurrenz. Eine ganze Welt unterwegs dahin oder dorthin. Wer nicht glaubte, kam in die Hölle. Wer fromm und spendier-freudig, in den Himmel. Ins Fegefeuer, wer kleine Sünden beging. Wer sie ehrlich bereute, hatte die Chance in den Himmel zu kommen. Das Thema der „Divina Commedia". Die Guten böse, die Bösen gut. Die Lauen bußfertig. Beschrieben in der Version mit-telalterlicher Vorstellungen von Diesseits und Jen-seits. Von einem, der Dante heißen musste. Und 1265 geboren sein.

Auf die Welt gekommen in Florenz. Einer Stadt, die ständig in Fehde lag mit anderen Stadtstaaten. Ge-storben 1321 in Ravenna. Zeitweilig Hauptresidenz weströmischer Kaiser. Später Regierungssitz des ost-gotischen Königs Theoderich des Großen. Von Rom beauftragt, das weströmische Reich im Interesse Roms zu verwalten.

Ravenna auch der Ort einer Synode, auf der Papst Johannes XIII. anordnete, Kirchenprovinzen im Osten Europas zu gründen. Beide Städte halten Dante, ihren berühmtesten Sohn in Ehren. Mit steinernen oder bronzenen Portraits auf Plätzen und Bildern in Museen und öffentlichen Bibliotheken. In Büchern, Touristenprospekten und Devotionalien.

Dante fand nach seinem Studium Kontakt zu Dichtern, die in einem modernen Stil schrieben. Realistisch Menschen und gesellschaftliche Zustände detailliert schilderten, so wie sie waren damals. Nicht wie bisher als Vorübung auf Himmel oder Hölle. Dantes philosophisches Hauptwerk „Monarchia" über das Verhalten der Fürstenhäuser noch in Latein. Lernte Guido Cavalcanti kennen, einen seiner schreibenden Kollegen. Las seine Schriften und wurde sein bester Freund.

Beschloss in Italienisch zu schreiben statt in Latein wie bisher. In der Sprache also, die seine Landsleute verstanden. Als Reiter beim Militär musste er die Schlacht bei Campaldino gegen die Stadt Arezzo mitmachen. Erste Erfahrungen mit dem Tod. Zwangsläufig das Leben anderer auslöschen, um eigenes zu retten. Erkannte, Krieg ist Teufelswerk. Die Gier der toskanischen Ghibellinen nach Macht und Einfluss eines der Anzeichen für die Verderbtheit der Welt.

Dante Alighieri 1265 - 1321, auf einem Gemälde von Sandro Botticelli 1495

Begegnet Beatrice Portinari zum dritten Mal. Als 9jährige lernten sie sich kennen. Jahre später traf er sie auf einem Jugendfest, von ihr begrüßt mit einem Blütenkranz. Sie blieb für ihn das Ideal einer Frau. Nur noch Geistwesen. Im Mittelalter stand das Weibliche für Weisheit. Literarisch verarbeitete er dieses Ideal in seiner Göttlichen Komödie. Beatrice beauftragt den römischen Dichter Vergil, seinen Kollegen Dante durch die Hölle zu führen. Damit er sie in allen Details erleben und beschreiben kann.

Vielfältig ausgebildet erhielt er hohe Ämter. Wurde Stadtrat, Mitglied im Ärzte- und Apothekerverband. Und politisch aktiv. Beteiligt an den Auseinandersetzungen zwischen Florenz und dem Vatikan. Die Lage eskalierte. Dante wird gefangen, verurteilt zu einer Geldstrafe. Als er sie ablehnte, zum Tode. Er musste fliehen. Fand Unterschlupf bei Leuten, die ihm gewogen waren und seine Bücher kannten.

Die beiden ersten Teile der „Divina Commedia" bereits im Umlauf. Eine beachtliche Leistung. Wenn man bedenkt, dass die Kunst Bücher zu drucken noch nicht erfunden war.
X mal herunter schreiben mit schräg angeschärftem Kiel einer Gänsefeder. Und Tusche aus dem Fass. Auf Papier oder Pergament. Das ist Haut von Kälbern,

Ziegen oder Schafen. Abgezogen, gereinigt, mit Bimsstein geglättet, gespannt, getrocknet. Mit Kreide geweißt. Das so genannte Pergament seit dem 2. Jahrhundert v. Chr. als Schreibunterlage nachgewiesen.

1321 kehrt Dante krank von einer Venedig-Reise zurück. Schreibt den letzten Teil des Inferno seiner „La Divina Commedia". Stirbt kurz darauf. Das Werk komplett der Nachwelt hinterlassen. In der Kirche San Pier Maggiore beerdigt. Später umgebettet in einen eigens für ihn errichteten Tempel. Für Einwohner stete Erinnerung an den berühmten Mitbürger. Für Touristen im Pflichtprogramm.

Ersparen Sie mir die Beschreibung seiner Komödie. Sie ist göttlicher Natur und von mir noch nicht ganz begriffen. So jenseitig ist alles. Mittelalterlich grundiert. Vermischt mit antiken Elementen. Inferno - Hölle, Purgatorio - Fegefeuer und Paradiso - Himmel. Jedes beschreibt er als Trichter, der innen in neun konzentrische Kreise eingeteilt ist. Symbole der Lebensphasen. Die Personen seiner Komödie unterwegs vom obersten bis zum untersten Kreis. Je näher sie dem untersten Kreis kommen, also ihrem Tod, desto sicherer ihr Schicksal: Hölle, Fegefeuer oder Himmel. Dantekenner werden lächeln, wenn sie's hier lesen. Aber ewig bleibt ewig. Auch wenn's nicht so scheint. Gute Geschichten leben länger als die meisten wissen. Und mit ihnen der Autor, der sie erfand.

Weltweit gibt es Dante-Gesellschaften. In denen seine Werke gelesen, gehört, von Experten interpretiert werden. Feierstunden für alle, die Italienisch sprechen. Ein Anspruch kommt selten allein.

Interessant wäre, noch über andere Poeten des Mittelalters zu berichten. Zwei sollen es sein. Einer **Francesco Petrarca** aus Arezzo, Italien. Schriftstellernder Diakon. Kritischer Analytiker seiner Zeit. Ein einziges Mal packte ihn Liebe und Leidenschaft. Als er Laura de Nove im Gottesdienst sah. 16 Jahre jung, verheiratet und somit unerreichbar. Tief getroffen von ihrer schönen Gestalt, ihrem blond gezopften Haar. Vergaß sie nie mehr. Nannte sie Madonna. Auf Deutsch Meine Frau. Schrieb und schrieb, glücklich und verzweifelt zugleich. 366 Sonette wurden es bis zum Ende seines Lebens im Jahre 1374. Verse, die Selbstzweifel und Sehnsucht aller artikulieren, deren Liebe nicht erwidert wird.

Außer dem Schreiben von Gedichten beschrieb er historische Abläufe aus seiner Perspektive. Bestieg 1336 den 1912 m hohen Mont Ventoux in der Provence. Betrachtete die Landschaft. Gedanken des großen Kirchenlehrers Augustinus im Kopf. Kam zur Erkenntnis: meine Dichtung ist radikal subjektiv.

Vielleicht war diese sehr persönliche Sicht aller Dinge der Anlass, ihn damals schon öffentlich auszuzeichnen. 1341 krönte ihn Senator Ursus d´Anguillara auf dem Kapitol in Rom zum „Poeta Laureatus". Bedeutet übersetzt: gekrönt mit immergrünem Lorbeerkranz. Der ewig gerühmte.

Francesco Petrarca gilt neben Dante und Boccaccio als Mitbegründer des Renaissance-Humanismus. Vertreter der frühen Italienischen Literatur. Hubert Burda stiftete den „Petrarca-Preis" für zeitgenössische Poeten und Übersetzer. Die Tradition aufrechtzuerhalten.

Der Einäugige aus niederem Tiroler Adel war bei seinen Zeitgenossen bekannt wie ein bunter Hund. Mit seinen Liedern und Gedichten gewann er alle Freunde mittelalterlicher Literatur bis heute. Sein Name **Oswald von Wolkenstein**, 1376-1445. Von Geburt an konnte er wegen eines Augenfehlers nur ein Auge öffnen. Was ihn nicht daran hinderte zu schreiben. Als Poet und Liedermacher bekannt wie als Typus eines Mannes, den es heute nicht mehr geben darf. Aber in der Realität immer noch gibt. Häufiger als es Frauen gut tut.

Oswald von Wolkenstein, einäugiger Sänger, Dichter und Komponist 1376-1445. Auf dem Titel der Innsbrucker Lie-derhandschrift

„Seine sexuellen Bedürfnisse waren Ausdruck von Gesundheit und Natürlichkeit. Aber egoistisch und ausbeuterisch. Immer gesund wie die eines Ziegenbocks oder eines Zuchthengstes. Seine Leidenschaften unterschieden sich nicht von denen eines gewöhnlichen Matrosen, Fremdenlegionärs oder Landsknechts". Schrieb der Amerikaner George Fernwik Jones in seinem 1973 veröffentlichten Buch über den einäugigen Poeten. Bevor es wieder ernst wird mit Herrn von Goethe ein harmloser Oswald - Vers:

„Warme Sonn´ schenkt uns Wonn´ - selbst die Nonne weiß davon - Flieht die Klostermauern - Ach du Feine, edle Reine - schenk mir deine Gunst alleine - seliges Erschauern".

Jetzt also nach den großen Dichtern des Mittelalters einer, den man modern nennen muss: ***Johann Wolfgang von Goethe.*** Den größten unter den deutschen Dichtern. Vielleicht sogar der größte aller auf der Welt. Universalgenie sagen, die es wissen müssen. Beschrieb in seinem ersten Roman „Die Leiden des jungen Werther" einen Mann, der eine Frau liebte aber nicht ehelichen konnte. Weil sie verheiratet war. Heute kein Hindernis. Damals brachte ein verzweifelter Mann sich um. Wertherleiden nannte man es und infizierte halb Europa. Sogar Napoleon las dieses Buch. Gleich nachdem es auf Französisch erschienen war. Seine Josephine hatte viele Verehrer. Die Tür zu ihrem Schlafzimmer stand stets offen.

„Voila, un homme!" Seht welch ein Mensch, begrüßte Napoleon Goethe, als sie sich trafen ein einziges Mal. Über Goethe fabulieren hieße, Eulen nach Athen tragen. Wohin man auch blickt, immer begegnet uns der Mensch aus der Stadt der grünen Soße. Was sage ich? Mensch nein, Gott aller die schreiben. Oder es versuchen. Ungern zugeben, es nicht so gut zu können wie er, sich quälen.
Er konnte mehr als Gedichte schreiben, Elegien und Dramen. Dinge auf den berühmten Punkt bringen. Das Farbspektrum des Physikers Newton nachstellen, eine eigene Farbenlehre entwickeln. In Gebirge klettern, Steine suchen, zu sammeln. An die 17800 waren es zum Schluss. Folgerte: Steine sind Kristallisationsprodukte des Urmeeres.
Ließ als Direktor der Bergwerkskommission wieder Silber fördern. Studierte mit wissenschaftlicher Gründlichkeit die Metamophose von Pflanzen. Und. . . und. . . und. Titel erhielt er, Orden, Ehrungen schon zu Lebzeiten. Alle, die nach ihm kommen, müssen sich an ihm messen.
Es gibt kaum ein Thema, das er nicht schon besungen, kritisiert und in Gedichten, Dramen und

Elegien beschrieben hat. Jeder kann´s lesen. Und studieren. Sich selbst fragen, ob er wirklich schreiben kann. Ein so großes Gehirn hat wie er.

Der Göttliche, ewig zu leben scheint er. Stimuliert nicht nur Hirne und Herzen, erinnert in Institutsnamen an sich. In Medaillen für begabte Schreiber. Gibt auf Straßen Orientierung. Und ich weiß nicht noch was alles. Es scheint nichts zu geben, was man nicht mit Goethe schmücken und aufwerten kann. Sich selbst, wenn man ihn mag. Und ihm nacheifert auf Teufelkommheraus. Mag solchen Mephisto noch so sehr beistehen. Goethe hat ihn lange schon im Griff. Ein Gott eben. Und Gott lebt ewig. Wenn man es glaubt. Unsere Zeit ist nicht mehr fähig zu glauben, ungläubig im Sinne des Wortes. Schade eigentlich. Mag es noch so viele Vorbilder geben.

*Johann Wolfgang von Goethe 1769 - 1832. Auf einem Ge-
mälde von Johann Heinrich Tischbein. Von Andy Warhol in
Pop-art interpretiert*

Coco Chanel auch eine von denen, die nicht tot sind. Passt in die Kategorie der Künstler. Die wie Maler, Bildhauer, Musiker Dichter ewig leben. Weil sie über Jahrhunderte die Sicht auf Gott und die Welt beeinflussten, das Bild vom Menschen veränderten. Auch Coco Chanel veränderte das Bild speziell der Frau. Nachhaltig nicht nur das von ihr kreierte „Kleine Schwarze". Knie frei, eine Revolution damals. Und heute noch en vogue. Von Chanel Nr. 5 ganz zu schweigen. Meistgekauftes Parfüm der Welt.

Als Waisenkind aufgewachsen. Nach der Schule eine Nähschule besucht und sofort Feuer und Flamme fürs Kleidermachen. An Wochenenden amüsierte sie sich im Grande Café der Stadt Moulins. Sang bei einem Gästesingen frei weg, was ihr gerade einfiel: „Qui qu´a vue Coco?" Wer hat Coco gesehen? Die Herren jubelten, wollten sie immer wieder hören. Auch der Sohn eines reichen Bankiers. Und schon hatte sie ein eigenes Geschäft, einen Hut-Salon in Paris Rue Cambon 21. Nannte sich fortan nicht mehr Gabriele wie im Geburtsregister. Sondern Coco Chanel. Als die sie jetzt alle Welt kennt.

Ihre modernen, schlichten Modelle fanden begeisterte Zustimmung bei der Haute Volée. Auf Mode-Seiten von ebenso begeisterten Redakteurinnen publiziert. Endlich keine langen Kleider mehr, keine eng geschnürten Taillen, hoch geschlossen, dass man fast keine Luft bekam. Anziehen und Ausziehen nur mit Hilfe anderer.

Vier Jahre später gründete Coco ihr erstes Mode-Unternehmen: „Chanel-Mode". Bald auch Modesalons in den Kurorten Deauville und Biarritz. Beschäftigte 300 Näherinnen. Der Krieg unterbrach einen weiteren Aufstieg. Sie schloss ihre Geschäfte, als deutsche Truppen Frankreich besetzten. Befreundet mit Walter Schellenberg. Einem Mitglied des deutschen Widerstandes gegen Hitler. Coco Chanel, unverdächtige Mittlerin, sollte in dessen Auftrag Premier Churchill beeinflussen, einen Separatfrieden mit England zu schließen. Der Termin kam nicht zustande, Sir Winston hatte die Grippe.

All das warf man ihr nach Kriegsende vor. Sie hätte mit den Deutschen kollaboriert. Coco Chanel floh in die Schweiz. Kam 1954 zurück und fand starke Konkurrenz vor, Gucci, Yves Saint Laurent, Pierre Cardin. Sie arbeitete weiter wie gewohnt. Entwarf die Collection Chanel. Kostüme aus Baumwolljersey. Einem Gewebe, das sich anschmiegt und gut zu verarbeiten ist. Filmstars trugen ihre Kleider. Marlene Dietrich, Brigitte Bardot, Grace Kelly, Romy Schneider und viele andere. Männer begannen Frau anders zu sehen. Anders zu riechen. Chanel Nr. 5 trat seinen

Siegeszug an. Heute das meistverkaufte Parfüm der Welt. Coco Chanel starb 1971 88-jährig in Paris nach einem Herzinfarkt. Block und Zeichenstift in den Händen. Ein paar Striche, Anfang einer neuen Robe?

Charakteristische Merkmale Charly Chaplins: Schnäuz, Melone, Fliege und Handschuhe.

Komödianten und Clowns

Denken wir jetzt nicht an die Spaßmacher in den Vorort-Zelten. Kinder mit ihren Müttern das Publikum. Nichts für ungut, Abwechslung sei ihnen gegönnt. Den Kindern, das Rechenproblem zu vergessen. Den Müttern das tägliche sich kümmern.

Denken wir an die großen Künstler, die nicht zu sterben gedenken. Man kennt sie. Kennt sie noch lange. So lange wie Zirkuszelte auf städtischen Freiflächen mit Schildern signalisieren: Hier spielt die Musik. Wiederaufführungen alter Filme zu sehen sind. Das Gedächtnis der Menschen nicht nachlässt.

Charly Chaplin kennt auch heute noch jeder. Auch wenn er kein Zirkus-Fan ist. Seine Späße sind so typisch für ihn, dass man von chaplinesk spricht, wenn einer ihm ähnelt. Einen Scherz, eine Bewegung macht, den er gemacht haben könnte. Lebte er noch. Stets aktuell und kritisch. Denkt man an seine Filmrolle als Hitler. Den größten Kriegsverbrecher aller Zeiten verschaukelt, lächerlich macht. Seinen Film nach dem Krieg gesehen. Mit einem lachenden, einem weinenden Auge. Betroffen waren wir. Erlebt. Erlitten. Gehofft, endlich wird's besser.

Nicht wenige begabte Pantomimen imitieren ihn und haben großen Erfolg. Nachgefragt auf größeren und kleineren Bühnen, sogar privat.

Die internationale Garde von Zirkusclowns führen bekannte Namen an. Der Schweizer Charles Adrien Wettach, bekannt als **Grock**, ebenso beliebt wie Charly Chaplin. Auch einer der ganz großen. Erfolgreich in Europa, Amerika und Nordafrika. Grock ein Bild von einem Clown. Mit riesigen Schlappschuhen, schlabberiger Hose und einer winzigen Geige. „Waruuuuuuum?", „Nit mööööööglich!" Seine ersten und einzigen Worte. Der Pantomime ein Genie. Spielte fünfzehn Musikinstrumente. Ließ erkennen, dass auch wenige Worte in sechs Sprachen treffsicher und fehlerfrei auszusprechen sind. Hatte allerdings nur einen Auftritt in Hamburg am 1. Oktober 1954. Auftritte während der Nazizeit hat man ihm nicht verziehen. Chaplin lehnte eine Einladung Goebbels ab.

Konstantinowitsch **Popow**, ein Russe in der Galerie der Volks-Belustiger. Oder müsste man besser sagen Mahner? Hintersinnig, doppeldeutig das Programm aller Clowns. Kaum Worte, nur Seufzer. Grimassen. Das aufgemalte riesige Maul wie eine Sprechblase, die nichts raus lässt als „sieh mich an". Gesten sagen alles. Ich bin nur ein Mensch.

Andreij Nikolajewo, Clown des russischen Staatszirkus und Professor an der Theater-Akademie in

Moskau. Der naive Purzelbäume schlagende „Akrobat Schöööön" noch in Erinnerung unzähliger Zirkusbesucher in aller Welt.

Was ist es, das Abermillionen Menschen so hinreißt? Das Leugnen jeglicher Wirklichkeit? Für zwei Stunden auf einem anderen Stern? Träumen ein Clown zu sein, der das Leben leicht nimmt? Nicht ist wichtiger als Lachen über sich selbst. Und alles andere vergessen? Auch den Tod.

Heute hat nur noch das jährlich stattfindende Zirkusfestival in Monte Carlo eine große Öffentlichkeit. Mit zirzensischen Spitzenleistungen und Clownerien. Bei allen Fernsehsendern im Abendprogramm. Die Einschaltquoten der ARD belegen, dass am 14. Juli 2016 4,35 Millionen Zuschauer das Geschehen in der Arena verfolgten. 15,5% der Bevölkerung. Der Clown doch nicht tot?

Einmal im Jahr ist keinmal. Die große Mehrheit will pausenlos unterhalten werden, nicht einmal oder zweimal im Jahr Höchstleistungen bewundern. Comediens schon eher. Am liebsten jeden Abend. Weil sie den Zeitgeist prügeln. Die Schwächen des Menschen bloßstellen. Politiker und Vertreter von Parteien und Interessengruppen schlecht aussehen lassen. Was jeder gerne selber täte, aber den Mut nicht hat. Kabarettisten genießen Redefreiheit. Ohne schlimme

Folgen. Ausnahme ein Karikaturist, der sich an Mohamed vergriff. Seine Zeichnungen in „Charly Hebbdo" waren Anlass für einen mörderischen Überfall auf den Verlag in Paris. Mit zwölf Toten und mehreren schwer Verletzten. Signal für folgende Attentate des IS in Europa. Spaß mit Folgen.

Harmlose Scherze ziehen heute nicht mehr. Bierernst muss es sein oder gnadenlos überzogen. Am liebsten bis unter die Gürtellinie. Dieter Hildebrand ist auch schon länger out. Und Lore Lorenz. Aber Oliver Pollack, ein Jude, noch aktuell. Bringt die Menschen zum Lachen. Obwohl fast alles zum Heulen ist. Individualist und ein bisschen meschugge. Einer von wenigen Juden, die sich selbst nicht ernst nehmen: „Hätten die Lokomotivführer damals gestreikt, wäre uns Auschwitz erspart geblieben".

Wer immer es auch ist von den bisher beschriebenen, seinen Namen kennen viele. Sprechen ihn aus, wenn sie seine Erfindung kaufen. Seine Bauten bewundern oder Bilder und Skulpturen. Musik hören, Romane lesen. Gebete beten. Über Komisches lachen. Eins stützt das andere in der Erinnerung. Mag sein, dass es Männer gibt, die den Eiffelturm nie gesehen haben, aber seinen Namen kennen. Junge Frauen sich vor dem ersten Date mit Jil Sander besprühen, weil Chanel Nr. 5 ihnen zu teuer ist. Ihren Namen aber kennen sie. Bewundert wie eine Göttin von einem anderen Stern. Namen von allen Menschen bleiben, die Schönes und Nützliches hinterließen. Bleiben, gebraucht, geachtet, verehrt, angebetet, ignoriert oder verhasst. Namen von Menschen jedenfalls, die aus den genannten Gründen immer noch lebendig sind.

Zwischenbilanz

Bisher wurden in diesem Buch Menschen gezeigt, beschrieben, die sich durch positive Auswirkungen ihres Lebens auszeichneten. Ihres physischen Lebens bevor sie starben. Und die Nachwirkungen nach ihrem Tod. Über Jahre, Jahrzehnte, Jahrhunderte, Jahrtausende bis heute. Überall auf der Welt. Vorbilder in Glauben, Charakter, Mut und kompromissloser Hingabe an eine Aufgabe. Andere durch Dinge, die sie entdeckten, erfanden. Von denen wir heute noch profitieren. Künstlerische Arbeiten, die uns erfahren lassen, Mensch lebt erst richtig, wenn er glücklich ist. Betrachtet er Bilder, hört Musik, liest Geschichten, erfährt er sich neu als ein anderer, besserer Mensch.

Auf dem Konzil in Trient 1545-1563 legte das Kardinal-Kollegium unter anderem fest: Der Mensch ist seit Adam mit der Erbsünde behaftet. Seitdem als Glaubenswahrheit im Dogma der römisch-katholischen Kirche festgeschrieben. Um das Kommen Jesus Christus, des Erlösers von allem Bösen zu rechtfertigen. Erinnern Sie sich an das Kapitel Religionsstifter? Alle sahen im Menschen das Böse, das es zu überwinden gilt. Im nachfolgenden Kapitel ist nach Wohltätern auch von Übeltätern die Rede. Menschen,

die das Böse nicht überwanden, sondern es überstei-
gerten bis zum Exzess. Auch sie überlebten ihre Zeit.
Als Warnung an alle nach ihnen: Aufpassen! Protes-
tieren rechtzeitig!

Wohltäter

Die meisten waren nach ihrer Zeit vergessen. Schneller noch vergessen in unserer Zeit. Man hat's eilig. Wer als erster ans Ziel kommt, wird gefeiert. Zurückgebliebene und Arme bedauert man vielleicht. Spendet, das Gewissen zu beruhigen. Nie mehr als einen Bruchteil dessen, was man besitzt. Einen Zwanziger, ein Brötchen mit Wurst. Zu eng gewordene Schuhe, weil man auf großem Fuße lebt. Oder aus der Mode gekommenes. Die Hand geben, um Gottes willen nein. Ich habe nur zwei.

Martin von Tour hat die Zeiten überdauert. Weil er die Hälfte dessen verschenkte, was er selber brauchte. Seinen pelzgefütterten Mantel. Es war lausig kalt an diesem Tag. Teilte ihn mit seinem Schwert in zwei Hälften. Und gab eine davon einem Mann, der gotterbärmlich fror, ihn um Hilfe bat. Martin hieß dieser Wohltäter. Römischer Offizier, bevor er nach der Christianisierung dritter Bischof von Tour wurde. Jeder kennt ihn, seinen Namen und die Umzüge am 11. November jedes Jahres mit Lichtern. Einen Tag nach Winteranfang. Erinnert an die Lichterprozession nach seinem Tod. Er starb am 8. November 397 bei einer Visite in Candes, einem kleinen Dorf an der Loire. Viele Boote begleiteten damals den Lastenkahn mit seinem Leichnam. Alle mit brennenden Kerzen in Gläsern und Öllampen.

Sankt Martin wird gefeiert und verehrt nicht nur in der katholischen Kirche. Auch in der orthodoxen, anglikanischen und evangelischen. Die Deutschschweizer nennen die Umzüge „Räbelichtli". Der Heischebrauch in vielen Regionen Deutschlands noch praktiziert. Heischen heißt: um etwas bitten. Kinder bekommen Bonbons und Schokolade. Erwachsene Mütter, wenn sie dabei sind, einen Ballen Strickwolle oder einen Fünfer für die Armenkasse. In hiesigen Gaststätten kommt eine krustig gebratene Gans, gefüllt mit Äpfeln, auf den Teller. Ohne dass einer vorher singen muss. Martinsgänse sind nachträglich zu bezahlen.

Katholische Iren zogen als erste mit ausgehöhlten Kürbissen und Rüben von Haus zu Haus. Augen und Mund ausgeschnitten, damit Licht aus dem Innen nach draußen leuchte. Halloween gefeiert am Vorabend von Allerheiligen. Irische Einwanderer verbreiteten diesen Brauch in den USA. Schwappt zurück seit einiger Zeit nach Europa. Irisches Brauchtum also, kein amerikanisches.

Martinus unterwegs als Offizier der römischen Armee auf Feldzügen in Franken und Germanien. Neue Gebiete zu erobern, besetzte zu verteidigen.

Als Sohn des Militärtribuns von Pannonien, Westungarn, verpflichtet, den Militärdienst zu absolvieren. Bereits mit zehn Jahren hatte er ersten Kontakt zu Priestern der Kirche. Bald schon Katechumene, Taufbewerber. Blieb aber Soldat. Betrachtete es als Sport. Spurte, wie man es von einem Offizierssohn erwartete. So wurde er schon mit fünfzehn Jahren Mitglied der Leibgarde Kaiser Constantinus I. Des ersten römischen Kaisers, der den Christen die Freiheit gab, Kirchen zu bauen, zu beten und missionieren, wo und so viel sie wollten. Nach den grausamen Verfolgungen durch Kaiser Diocletian zuletzt. Stationiert war Martinus in Mailand, Residenz des weströmischen Reiches damals.

Sah viel Elend in Städten und Dörfern unterwegs bei militärischen Einsätzen. Bat um Entlassung aus dem Militärdienst, um Menschen zu helfen. Sein Argument: *„Ego non miles caesaris - ego miles Christi"*. Ich bin kein Soldat des Kaisers, sondern Soldat Christi. Man lehnte den Antrag ab. Martinus blieb noch Jahre Soldat und Offizier. Mit 35 von Bischof Hilarius getauft. Bis er nach Ableistung von 25 Dienstjahren vierzigjährig entlassen wurde. Wieder bei Hilarius, mehr zu lernen von diesem Christus. Dem er sein Leben weihen wollte.

Zog sich als Einsiedler auf die Insel Gallinara zurück, zu meditieren. Verließ sie wieder, als viele seiner

Anhänger ihn bis dorthin verfolgten. Flüchtete zu seiner Mutter nach Pannonien und bekehrte sie. Anschließend wieder ins Frankenland, das heutige Frankreich. Gründete 361 das erste abendländische Kloster in Ligugé. Kurz darauf Marmoutier im Elsass. Maursmünster auf Deutsch. Die Abtei nannte man bald nach seinem Tod „Abbey Saint Martin".

Martinus, vertraut mit den politischen Usancen seiner Zeit wurde Bindeglied zwischen Rom und dem Land der Franken. Dem Land, das Karl der Große zielstrebig und nicht zimperlich zum Christentum bekehrte. In seinem Reich musste jeder das Vaterunser beten können. Wer leugnete wurde bestraft. In seinen Sachsenkriegen bezahlten Tausende ihren Glauben an Irminsul mit dem Leben. Martin, gut dreihundert Jahre früher, gewann die Herzen der Menschen für den Glauben an den neuen Gott Jesus Christus mit Nächstenliebe.

Erinnert in vielen Denkmalen, die ihn als Soldat hoch zu Ross zeigen, eine Mantelhälfte in der Hand. Kein Bettler, nur das Symbol für Teilen. Wie am Basler Münster. Einer der beiden Türme heißt Martinsturm. Die Bedeutung Martins über die Zeiten Ansporn und Motiv für bildende Künstler aller Couleur. Die Skulptur an der Fassade des Alten Schlosses in Hoechst, zeigt Reiter und Bettler. Das Bild Simone Martinis schildert Martins Begräbnis. 1326 an die Wand der Basilika San Francesco in Assisi gemalt.

Beeindruckend, weil anders, El Grecos Gemälde der bekannten Szene. 1598 gemalt in der Manier, die für ihn typisch ist. Alles in die Länge gezogen, Ross, Reiter und Bettler. Eine Laune? Überzeugt, alles strebe nach Höherem? Wir wissen es nicht. Jeder Kunstfreund aber erkennt El Greco - den Griechen - sofort. Vor der Mainzer Martinsschule eine Skulptur aus Edelstahl. Reduziert auf das, was sofort erkennen lässt, um wen es sich handelt. Es wird nicht aufhören, den Heiligen zu zitieren, solange es arme Leute gibt.

Stärker als Bilder und Skulpturen da und dort sind Brauchtum und Organisationen, die seinen Namen tragen. Bauern prophezeien am Martinstag wie das Wetter wird im Winter:

„Hat Martini einen weißen Bart, wird der Winter streng und hart". Oder: *„wenn an Martini Nebel sind, wird der Winter meist gelind."*

Sankt Martin, Skulptur aus rotem Sandstein an der Fassade des Basler Münsters um 1300

Verehrt wird Martin bereits gleich nach seinem Tod. Nachfolger Gregor auf dem Bischofssitz verfasste mehrere Bücher über seine Wohltaten. Wunder, die er vollbracht habe, sogar Tote erweckt. Der Frankenkönig Chlodwig erhob ihn zum Schutzherrn der Fränkisch-Merowingischen Könige. Das spätere Frankreich zu seinem Schutzpatron.

Martin auch heute Namensgeber eines Ordens, der als international tätige Hilfsorganisation allen beisteht, die es nötig haben. Arm, entrechtet oder auf der Flucht sind vor Terror und Armut. Anlass seine Vita, Schutzheiliger zu sein für Reisende, Arme, Bettler und Reiter. Aktuell auch für Flüchtlinge, Gefangene, Abstinenzler und Soldaten. Die Menschen brauchten Vorbilder. Auch heute wären sie unentbehrlich, wenn, ja wenn man an sie wirklich ernst nähme. Ihrem Vorbild folgte. Aber mehr als hunderttausend Leute, die Martinsgänse genießen, glauben lediglich, saftige Brüste verlängern ihr Leben.

Ein anderer, **Albert Schweizer**, wirkt nachweisbar weiter nach seinem Tod. Jeder kann sich überzeugen von der Effizienz seiner Arbeit. Heute so wirksam wie zu seinen Lebzeiten. Medizinischem Fortschritt folgend. Menschen zu heilen, die an tropischen Krankheiten leiden und sterben müssten. Menschen zu helfen, die in Not sind. Ärzte, Biologen, Psychologen und Menschenfreunde können sich in seiner Klinik in Lambarene, Gabun davon überzeugen.

Vorher aber sollten sie wissen, wo Gabun liegt. Und wie die politischen Verhältnisse dort sind. Mitten unter dem Äquator, dem schwärzesten Afrika. Schwarz die Hautfarbe. Schwärzer als Schwarz das politische Klima. Trotz demokratischer Wahlen. Ali-Ben Bongo Ondimba ist Alleinherrscher. Ein Diktator, sagt die freie Welt. Seine ganze Familie saugt das Land seit mehr als einem halben Jahrhundert aus. In der Manier absolutistischer Monarchen. Bleibt an der Macht, weil sie sich mit Geld und raffinierten Tricks aus Kriegen und Aufständen heraushält.

Gabun ist sehr rohstoffreich. Davon profitiert nur der Despot und seine Familie. 80% der Bevölkerung sind arm. Bongo einer der reichsten Männer der Welt. Kaufte für 100 Millionen Euro ein Stadtpalais in Paris. Für sich zwei Ferrari im Wert von je 500000 Euro. Unterhält Konten bei Banken weltweit. Seine privaten Ausgaben finanziert er zu 8,5 % aus dem Staatshaushalt. Die Klage von Transparency International wegen dunkler Geschäfte verlief im Sande. Er aber, Herrscher von Gabun und knallharter Geschäftsmann, spielt den Harmlosen. Komponiert Lieder und spielt Gitarre. Feiert seinen Titel: Großmeister der Freimaurerloge.

Heute wie gestern ist Afrika chaotisch, mit europäischen Maßstäben gemessen. Trotz einiger Fortschritte in Senegal, Südafrika z. B. Albert Schweitzer hatte es schwer. Seine Nachfolger immer noch. Wer Schweizers Motivation kennenlernen möchte, hier ein Auszug aus seinem Buch „From My African Notebook". In damaliger Zeit bei allem Engagement überraschend nüchterne Gedanken:

„Ich habe mein Leben gegeben zu versuchen, die Leiden Afrikas zu lindern. Ihnen die Vorteile zu bringen, die unsere Zivilisation bieten muss. Aber mir ist sehr wohl bewusst geworden, dass wir diesen Status behalten: Die Überlegenen, die Unterlegenen. Denn wenn immer ein weißer Mann versucht unter ihnen als gleicher zu leben, werden sie ihn und sein Werk zerstören und ihn verschlingen. Mahnung an alle, die nach Afrika kommen, den Überlegenen vorzuleben, um zu helfen."

Nach dieser Devise lebte und arbeitete Dr. Ludwig Philipp Albert Schweizer. Mahatma Ghandi sein Vorbild und Paulus, der erste Missionar des Christentums. Die Schwarzen liebten ihn wie einen Gott, der er nicht sein wollte, nie war. Alle Welt ehrte ihn mit Ehrenbürgerschaften vieler Städte, Ehrendoktoraten vieler Universitäten. Friedensnobelpreis, Goethe-Medaille der Stadt Frankfurt, Paracelsus-Medaille. Schulen nach ihm benannt, Straßen. Briefmarken gedruckt mit seinem Portrait. Die 5 DM Münze geprägt.

DDR Briefmarke aus Anlass des 90sten Geburtstages Albert Schweizers.

Geboren 1875 in Kayserberg, Elsass. Studierte in Straßburg Theologie und Philosophie, Dissertation in Berlin. Bei Charles-Marie Widor in Paris Orgelspiel studiert, Johann Sebastian Bach kennen und lieben gelernt. Musik beflügelte seinen wachen Geist. Motivierte ihn, Bachs Werke neu herauszugeben. Selber die Orgel zu spielen. Sogar eine zu entwerfen. Sie wurde 1905 in der Straßburger Thomaskirche eingeweiht. Begann Bücher zu schreiben. Über die mythologischen Aspekte der Parusie - Wiederkunft Christi - wie der Apostel Paulus sie sah. Seine Verdienst aufzählen hieße wie Sisyphus den Felsblock hinaufschieben und oben nicht ankommen. Ein Auszug „Aus meinem Leben und Denken" sagt einiges über seine Meinung zur musikalischen Praxis seiner Zeitgenossen:

„Weil Bachs Musik Architektur ist, sind an- und abschwellende Töne sind nicht angebracht. In der Romantik des 19. Jahrhunderts beliebt, Gefühle zu wecken. Laute und leise Töne erlaubt, um Wichtiges von weniger Wichtigem zu unterscheiden. Dynamiken machen die Architektur der Musik zunichte."

Recht hatte er. Niemand kennt Hochhäuser, die hin und her schwanken, um Menschen glücklich zu machen. Es sei denn, sie überleben einen Vulkanausbruch, das Rülpsen von Mutter Erde an den Schwachstellen ihrer Außenhaut.

Genug geschrieben, das Stichwort Lambarene spricht für sich noch lange. Mutter Theresa auch so ein Vorbild. Und viele andere, die im Gedächtnis der Menschen bleiben. Nicht nur weil sie im Kanon der Kirche stehen. Auch Pfarrer Johann Friedrich Oberlin reformierte um 1800 Obstanbau und Früherziehung von Kindern. Mit positiven Folgen bis heute.

Übeltäter

Ein Blick in die Geschichte beweist, immer gab es Menschen, die anderen schadeten. Subversiv oder ganz offen mit brutaler Gewalt. Von einigen dieser Kategorie soll jetzt die Rede sein. **Herodes,** Antipas genannt, um ihn von den beiden anderen Nachfahren Herodes des Großen zu unterscheiden. Anfangs herrschten sie zu dritt. Dann riss er die Macht an sich über Galiläa und Parea. Musste aber Rom als Besatzungsmacht tolerieren. Ließ laut Matthäus alle neu geborenen Söhne der Juden in Betlehem ermorden. Angeheizt von Pharisäern, die befürchteten, der angekündigte Jesus, Sohn einer Jungfrau, könnte ihnen gefährlich werden. So erzählt es die Bibel. In den Quellen werden unterschiedliche Opferzahlen genannt. Die größte mit 144000 angegeben. Nachgewiesen sind sie nicht. Auch hier wieder die ominöse große Zahl. Wie bei den Altersangaben im Alten Testament. Mit der man in diesem Fall die Schwere des Verbrechens deutlich machen wollte.

Oft waren Alleinherrscher und Anführer von Gruppen die Verbrecher. Mehr Macht zu gewinnen über Clans und Völker. Ihre Politik durchzusetzen. Oder aus reiner Mordlust. Im frühen 14. Jahrhundert war es der Nomadenherrscher *Timor Lenk.* Ließ von seinen Soldaten 2000 Menschen in der eroberten Stadt Isfizar einmauern. Bis sie verhungerten und starben. In Georgien 10000 Männer und Frauen zerstückeln. Andere von einer Anhöhe in eine tiefe Schlucht stürzen. Ein grausamer, sadistischer Typ, dessen Vorbild der Mongole Dschingis-Khan war. Hatte willige Helfer wie alle Tyrannen. Werkzeuge seiner mörderischen Lust, jeden umzubringen, der ihm im Wege war. Abzuschaffen statt aufzubauen.

Im alten Russland herrschte 1530 - 1584 der erste gekrönte Zar. **Iwan der Schreckliche** genannt. Rühmte sich, unzählige Jungfrauen vergewaltigt zu haben. Enge Berater, die ihm nicht mehr passten, ließ er in Stücke schneiden. Abwechselnd mit eiskaltem und kochendem Wasser übergießen. Bis ihre Körper sich aufgelöst hatten. Ein Beleg für die gefährliche Mischung von cholerischem Temperament und Sarkasmus.

Als am 3. Juni 1547 siebzig Abgesandte der Stadt Pskow in der Zarenresidenz Ostrowok eintrafen, waren sie guten Mutes. Hofften, er würde ihre Beschwerde über die Launen des Statthalters Fürst Turuntay anhören und ihnen helfen. Nichts dergleichen geschah. Statt dessen ließ er seine Gäste bis auf die Haut entkleiden, fesseln und mit Branntwein übergießen. Ihre Haare und Bärte mit brennenden Kerzen versengen. Im selben Moment stürzte eine Glocke der Moskauer Arbat-Kathedrale vom Turm. Menetekel sagen Beobachter später. Russlands kommender Terrorjahre.

Schon als Kind neigte er zu Wutausbrüchen. Warf kleine Tiere, junge Katzen und Hunde vom Kremlturm. Als 16jähriger ernannte er sich selbst zum alleinigen Herrscher ganz Russlands. Als später Zarin Anastasia mit 27 Jahren starb, vermutete er Giftmord. Zerrte ihre Hofdame vor Gericht und ließ sie mit ansehen, wie ihre fünf Söhne brutal zerstückelt wurden. Bevor man sie selbst zu Tode folterte. Iwan hinterließ einen Ruf, dem die Geschichtsschreibung zutreffend den Beinamen „Der Schreckliche" gab. Er hinterließ einen geisteskranken Sohn und einen fast 30jährigen Bürgerkrieg. Der von ihm angeregte Bau prunkvoller Kathedralen kann nichts wiedergutmachen.

Zar Iwan, erster gekrönter Zar Russlands 1530-1584 „Iwan der Schrekliche" genannt. Buchillustration.

Auch wenn sich Depressionen einstellen sollten, angesichts der langen Liste solcher Ungeheuer, müssten noch mehr genannt werden. Die daran zweifeln lassen, dass der Mensch gut ist. „Edel sei der Mensch, hilfreich und gut". Ein frommer Wunsch , vom Menschenkenner Goethe formuliert. Aufmerkamen Lesern entgeht nicht der Konjunktiv. Sei ist die Möglichkeitsform von ist - nicht wirklich, sondern es könnte sein. Müsste, sollte gut sein. Ein frommer Wunsch also.

Weil auch Böses sich immerfort multipliziert, muss auch die jüngste Zeit zu Wort kommen. *Idi Amin*, Offizier der britischen Armee in Afrika, putschte sich an die Spitze des Staates Uganda. Seiner Grausamkeit fielen bis zu einer halben Million seiner Landsleute zum Opfer. Sogar Kannibalismus wird ihm vorgeworfen.

Mao-Tse-Dung, radikaler Kommunist und Revolutionär, eroberte die Macht in China. Setzte sein Programm mit brutalsten Mitteln durch. 76 Millionen Opfer in 37 Jahren seiner Herrschaft als Staatspräsident werden angegeben. Von Anhängern als große Lichtgestalt gepriesen, trotz aller Gräueltaten. Seine Bibel, Mao-Bibel genannt, kursiert millionenfach auch in demokratischen Ländern. Eine Illusion, darin etwas Demokratiefreundliches zu finden. Auf 179 Seiten nichts, was richtig passt. Von einzelnen vertretbaren

Thesen abgesehen Kommunismus pur. Der Staat ist alles, der Einzelne nichts. Verbrämt als wohlgemeinte Ratschläge eines weisen Mannes. Sein Trick? Der große Verführer, wie manche ihn schimpfen.

Pol Pot der Superkommunist in Kambodscha nicht viel anders. Die „Roten Kmer" eine Zeit lang Gesprächsstoff in den Medien der freien Welt. Empörung allenthalben. Allein ein Drittel der Landsleute kam unter seiner Ägide ums Leben. **Stalin** und **Hitler** dürfen in diesem Zusammenhang nicht fehlen. Ihre Verbrechen sind bis ins Detail dokumentiert. Die Folgen ihrer Terrorherrschaft immer noch zu spüren. Stete Warnung an die Welt: Wehret den Anfängen! Auf Fotos von den Letztgenannten will ich verzichten. In Betroffenen, so sie noch leben, weckten sie schlimme Erinnerungen. In jungen Arbeitslosen Sehnsucht nach dem starken Mann.

Im heutigen Europa sind es nicht Menschentypen solchen Kalibers, die uns bedrohen. In kleinerem Maßstab aber die gleichen Verbrechen begehen. Fritz Heinrich Karl **Haamann** z. B. brachte in den Zwanzigern 24 junge Männer im Alter von 10 - 24 Jahren um. Des mehrfachen Mordes angeklagt und 1924 zum Tode verurteilt. Einer von wenigen, die erwischt und bestraft wurden.

Unbestraft bleiben die meisten Machos in Argentinien. Alle 30 Stunden stirbt eine Frau durch häusliche Gewalt oder als Opfer von Prostitution. Ehemänner, Exfreunde oder Zuhälter töten sie mit Schlägen, bis sie bewusstlos sterben. Bringen sie mit der Machete um oder erschießen sie. Wenn sie nicht willig sind. Am 25. November 2016 gingen im ganzen Land zehntausende Frauen auf die Straße. Mit Schildern, die das Verbrechen öffentlich machten: „El Machismo Mata Cada 30 Horas." Der Machoismus tötet alle 30 Stunden. Forderten die Todesstrafe. Leider erwischt man die wenigsten.

Mehr und mehr aber machen sich viel raffiniertere Übeltäter bemerkbar. Sie bringen niemanden um. Eher das Gegenteil, sie reden uns nach dem Mund. Versprechen goldene Berge. Ihre Strategien haben auch nur das Ziel, an die Macht kommen. Ob sie dann ihre Versprechen halten oder halten können, ist offen. Halten Sie, verehrter Leser Augen und Ohren offen. Es wachsen Populisten aus dem Boden wie Löwenzahnblüten aus den Ritzen im Asphalt.

Populisten

sind Übeltäter, die leider immer wieder ihre Opfer finden. In der politischen Szene tauchen sie auf. Hier ist es wichtig auf Unterschiede zu achten: Dem Volk aufs Maul schauen ist unverzichtbar. Zu erfahren, wo der Schuh drückt. Ihm nach dem Munde reden schädlich. Unzufriedenheit und Ängste werden ausgenutzt, zu verführen. Stimmen denen zu geben, die eine bessere Zukunft versprechen. Dabei sind ihre Versprechungen nichts anderes als rückwärtsgewandte Illusionen.

Immer wieder beweist die Geschichte, dass populistische Parolen das Leben ganzer Völker negativ beeinflussen. Folge des schlechten Charakters Einzelner. Motive der meisten sind Machtstreben und falsch interpretierte Realität. Eines haben alle gemeinsam: sie nutzen die die Angst der Menschen aus. Angst vor Veränderung und Verlust.

Die meisten Grenzzäune in Europa sind gefallen. Fortschritt oder Gefahr? Reisen wohin man will ist wunderbar. Flüchtlingsströme kommen ins Land, ein Problem. Hereingelassen aus humanitären Gründen oder aufgrund von Vorgaben der EU-Kommission. Mehrheiten entscheiden, nicht die Stimmen einzelner Länder. „Schluss mit der Fremdbestimmung." „Ein-

wanderer raus, sie nehmen uns die Arbeitsplätze weg."
Fordern alle Populisten in Europa. „Wir schließen die
Grenzen!" Versuch einzelner Regierungen, die Men-
schen zu beruhigen. Sie beruhigen sich nur selbst. Der
Frust sitzt tief. Und Populisten gewinnen immer mehr
Stimmen und die Sympathie verunsicherter Bürger.

Globaler Wettbewerb, digitaler Fortschritt haben nicht
nur positive Folgen. Arbeitsplätze fallen weg, immer
mehr stundenweise Beschäftigung mit geringem Lohn
statt Vollzeitarbeit. Wohnungen unbezahlbar. „Wir
schaffen Vollzeitarbeitsplätze, indem wir den alten Zustand wiederherstellen" propagieren Populisten in
Europa und Amerika.

Verschweigen bewusst, dass z. B. aus asiatischen
Ländern hervorragend ausgebildete Fachleute kommen. Die der Wirtschaft ihrer Länder helfen, up to
date zu sein. Was allen nützte, wenn Politik nüchtern
und sachlich das Ihre täte. Das Geschwätz von freiem
Markt und Wohlstand für alle unterließe. Statt dessen
Voraussetzungen schaffte für einen Wohlstand, der
alle erreichte, nicht nur eine verschwindend kleine
Minderheit. Mit neuem Geld förderte und der Überzeugung: wir sind Diener, keine Herren.

Chinesen z. B. haben die Zukunft im Blick. Und
strengen sich an, sie zu gewinnen. Betrachten Zukunft
als Glücksfall wie eine Heilsbotschaft. Glück haben ist

in China ein traditioneller Wert seit Jahrtausenden. Glück, für das sie heute arbeiten, damit es morgen zu ihnen kommt.

Schon 2500 v. Chr. gab es solche Politiker. Perikles, einer, den man einen guten Populisten nennen muss. Weil er dem Volk aufs Maul schaute. Z. B. Ängste klar erkannte. Sie aber nicht zum eigenen Vorteil schürte, sondern zu beseitigen suchte. Indem er von menschlichen Schicksalen erzählte, die ein gutes Ende fanden. Förderte die parlamentarische Demokratie. Rede und Gegenrede machten klar, wo gehandelt werden musste. Alle Bürger hatten Mitspracherecht. Der Aeropag, öffentlich zugängiger Platz in Athen, Tagungsort des Parlaments. Zwanzig Jahre führte er die älteste Demokratie der Welt zu ihrem Höhepunkt. Sein Biograf schrieb: *„mit erhabener Sprechweise, enthielt sich aller niedrigen Schmeichelei.“* Im Gegensatz zu Kleon, einem der Nachfolger im Präsidium.

Kleon, der Trump der Antike, spottete jüngst ein Journalist. Hemdsärmelig und antiintellektuell. Jeder Laune des Volkes nachgebend. Gegen die Eliten, das Establishment. Gegen bisherige Normen und Gesetze. Das Ende der griechischen Demokratie besorgte damals Alkibiades. Der erste Typ eines gefährlichen Populisten. Er trieb die Volksversammlung dazu, sich mehrfach für den Völkermord zu entscheiden.

Perikles, griechischer Reformer der parlamentarischen Demo-
kratie. Römische Kopie des griechischen Originals im Vatika-
nischen Museum.

Feindbilder sind bis heute gängige Politik. Die anderen sind die Bösen, wir sind die Guten. In Frankreich Marine Le Pen. In den Niederlanden Geert Wilders. Der Rechtspopulist bedient sich der Nazis, den Islam zu verunglimpfen: *„Moscheen sind Nazi-Tempel, der Koran Mein Kampf."* Mit radikalen Thesen will er die Wahl gewinnen. Schuld haben immer die anderen.

Marine le Pen scheint flexibler geworden. Nicht nur die sozial benachteiligten in diversen Provinzen, jetzt auch Bessergestellte ihre Zielgruppe. Sie mit Themen wie „Raus aus der EU, raus aus der Kommandostruktur der NATO" zu gewinnen. Ihr Thema jetzt auch die angeblich von Ausländern bedrohten gut bezahlten Arbeitsplätze. Fernöstliche sind besonders aktiv und gefragt, weil sie besser sind. Nicht nur in Frankreich. Hiesige bleiben auf der Strecke.

Alles in allem Folgen von Zurückdenken. Bewahren wollen. Kritiklos erhalten, was war. In der Vorstellung, früher war alles besser. Populisten nutzen es aus, schüren die Angst. Versprechen das Blaue vom Himmel. Gewinnen Mehrheiten, was nicht nur Gutes ahnen lässt. Zeit aber schreitet fort. Die Jahre mit ihren Moden, politischen Ansichten. Auch die Menschen werden älter, was sich nicht leugnen lässt. Wer die Zeit anhalten will, macht einen entscheidenden Fehler. Er raubt sich selbst die Möglichkeit, an morgen zu denken. Jeder braucht's, um Jahre zu gewinnen. Und Einsichten. Alles, was passiert gelassener zu betrachten. Optimistischer vor allem. Und aktiv. Länger leben könnte die Folge sein. Sich selbst und anderen zur Freude.

Das Bild des antiken Perikles macht Mut. Das Prinzip seiner Demokratie lebt bis heute. Wer Griechisch an der Schule lernte weiß: Demo kommt von Demos, das Volk, kratie vom Verb kratein, herrschen. Demokratie wird immer das Ideal bleiben. Wie wär's mit ein bisschen Courage: Statt gleichgültig sein Interesse zeigen. Miteinander reden. Partnerschaften riskieren? Auch ganz privat zeigen, dass Toleranz das Leben reicher macht und um viele Glücksmomente verlängert.

Opfer von Vorurteilen

Rassismus einer der folgenreichsten Vorurteile, die offenbar nicht aus der Welt zu schaffen sind. Das Leben anderer missachten. Im Extremfall gewaltsam beenden. Nur weil sie anders sind? Eine dunklere Hautfarbe haben? Anders Feste feiern? In den Kirchen tanzen statt beten? **Martin Luther King** in den USA gut erinnertes Beispiel eines Opfers von Vorurteilen. Der Schwarze aus dem Süden der USA ein Baptistenpastor und Bürgerrechtskämpfer der ersten Stunde. Sein Motto:

„Wir können keine aufgeklärte Demokratie sein, wenn eine große Bevölkerungsgruppe ignoriert wird. Keine starke Nation sein, wenn 10% der Bevölkerung schlecht ernährt und krank durch Bakterien sind, die keinen Unterschied machen zwischen Schwarzen und Weißen."

Sein beharrlicher Protest gegen die Ungleichheit vor dem Gesetz führte zum Erfolg. Eine breite Massenbewegung entstand, „Civil Wright Movement". John F. Kennedy, ein liberaler Präsident, förderte sie und änderte das Gesetz, auf das sich die meisten Weißen beriefen. Und danach handelten wie in Zeiten der Sklaverei. Nach Martin Luther Kings Marsch auf Washington „*I have a dream*" sind Schwarze auch in den Südstaaten uneingeschränkt wahlberechtigt. Sein Wunsch erfüllt. Kennedy wird 1963 in Dallas erschossen. Martin Luther King 1964 ausgezeichnet mit dem Friedens-Nobelpreis. Vier Jahre später in Memphis erschossen. Alle Welt schrie auf. Zwei Verfechter einer friedlichen Welt hinterrücks ermordet. Und weiter solche Attentate.

Immer noch flackert an vielen Orten Nordamerikas der Rassenhass auf. Immer wieder erschießen Polizisten farbige Mitbürger. Weil sie anders aussehen. Sich anders bewegen, nicht oder nur unzureichend englisch sprechen. Prekären Jobs nachgehen, weil sie keine besseren Arbeitsplätze finden. Verzweifelt Nebengeschäfte betreiben. Auf Straßen Zigaretten verkaufen, selbst genähte Taschen. Um nicht zu verhungern. Schwarze, Indios, Latinos vor allem. „Farbige sind potentielle Kriminelle", proklamierte Rudolf Giuliani, Bürgermeister von New York.

Amadon Diallo aus Guinea wurde von weißen Polizisten erschossen, weil er eine verdächtige Handbewegung machte. Der Fall löste weltweit Proteste aus. Neunzehn Kugeln abgefeuert auf einen einzigen wehrlosen Mann. Wozu? Nur weil er eine dunkle Haut hatte? Das Jazz-Festival Montreux im selben Jahr ein einziger Protest gegen Rassismus. Der Song Bruce Springteens „Living colors" bejubelt und in alle Welt übertragen. Wem hilft es weiter?

Martin Luther King, Baptistenpastor und Bürgerrechtler in den USA. 1964 Friedensnobelpreis, 1968 ermordet

Vorurteile sterben nicht aus. Mensch, der seinen Nächsten lieben soll, liebt nur sich selber. Ihn gelten lassen wie er ist wäre schon ein Fortschritt. Aber selbst diejenigen, die guten Willens sind, tun sich schwer damit. Das Böse lebt im Menschen wie das Gute. Seit ewigen Zeiten, so scheint es. Angst ist oft der Auslöser. Angst vor Veränderungen. Die Selbstgewissheiten ins Wanken bringen. Den Job kosten können. Mensch wehrt sich mit Mitteln, die oft das Gegenteil bewirken. Klatschen Beifall, wenn Populisten eine bessere Zukunft versprechen. Es scheint sich nicht mehr zu lohnen, über ein längeres Leben nachzudenken. Denkt nur ans Heute. Immer nur das Jetzt in Kopf und das Portemonnaie. Sieht Feinde und keine Freunde. Ein Problem, wenn man das Bibelzitat „Auge um Auge" falsch versteht. Das aber ist Realität. „Wie du mir so ich dir" meint es selten positiv.

Größere Chancen als Vorbild länger zu leben haben Menschen, die nicht Gleiches mit Gleichem vergelten. Die so sind wie sie sind, der Freund aller. Und trotzdem ermordet werden. Weil sie einer anderen Rasse angehören.

Anne Frank, ein 15jähriges jüdisches Mädchen darf hier nicht fehlen. Heiteren Gemüts und offen für die Welt. Schrieb ab 1942 alles, was sie bewegte in ihr Tagebuch. Später sollte ein Roman daraus werden.

Später, wenn alles wieder in Ordnung wäre. Sie kam nicht mehr dazu. Die Ordnung der Welt war mächtig durcheinander gewirbelt. Menschen geopfert dem Rassenwahn. Juden seien schuldig an allem Elend in der Welt. Sie müssen ausgerottet werden. Propagierten die Nazis mehr oder weniger offen in ihrer Zeitung „Der Stürmer". Machten es im Geheimen zum Gesetz und führten es aus. Viele tausende Wächter und Soldaten waren beteiligt. Ihr Gewissen schien zu schlafen. Nicht mehr Gottes, sondern des Teufels Werk. Sechs Millionen unschuldige Juden gemordet, bevor sie ihr Leben zu Ende leben konnten.

Gerade fünfzehn war das Mädchen, als man sie im KZ Bergen-Belsen umbrachte. In ihrem Tagebuch ist alles bis kurz vor der Verhaftung festgehalten. Erlebtes, Gedanken und Pläne für die Zukunft. Wo immer sie war. Unterwegs auf der Flucht vor den Nazis nach Amsterdam. In den engen Verhältnissen mit anderen geflüchteten Juden im Hinterhof der Prinsengracht 263. Neugierig und froh zu leben, zu streiten mit Jungen trotz allem. Bis ihr Versteck verraten wurde. Alle Bewohner deportiert und zum Schluss ins KZ Bergen-Belsen gesteckt. Das Resümee eines Kindes erschüttert. Kurz vor ihrem Tod geschrieben auf ein Blatt Papier. Von einer Überlebenden nach Amsterdam gebracht.

„Im Menschen ist nun mal ein Drang zur Vernichtung. Ein Drang totzuschlagen, zum Morden und Wüten. Und solange die ganze Menschheit ohne Ausnahme keine Metamorphose durchläuft, wird Krieg wüten, wird alles, was gebaut, gepflegt und gewachsen ist wieder abgeschnitten und vernichtet. Und alles fängt wieder von vorne an."

Ein Nachkriegsfilm spult ihr Leben ab und das ihrer Familie. Wer ihn sah, war erschüttert noch lange. Einen eindrücklicheren Beweis für die Mordmaschinerie während der Nazizeit gibt es nicht. Ihr Tagebuch ein warnendes Dokument für alle Zeiten, die kommen.

Und seien es Jahrhunderte. Alles wieder nah auch in der Dokumentation der BBC über Auschwitz kurz nach der Befreiung. Lässt alle Worte verstummen. So weh tut das, was man sieht. Bis auf die Knochen abgemagerte Menschen. Erschossen, in die Grube geworfen von Hilfswilligen. Mit Kalk und Erdreich aufgefüllt, dass man´s nicht sieht. Alles kam ans Licht zum Glück. Schuldige Anführer gehängt. Die Stimmung im Land umgeschlagen. Eine 83jährige Überlebende des KZs Bergen-Belsen erinnert Annes bis aufs Skelett abgemagerte Gestalt, das kaum hörbare Stimmchen der 15jährigen.

Anne Frank in ihrem Versteck, Amsterdam

1934 mit Eltern und Geschwistern in die Niederlande ausgewandert. Nachdem Vater Otto Heinrich Frank über seinen Freund Macys Straus vergeblich ein Einreisevisum für die USA beantragt hatte. Abgelehnt trotz guter Beziehung der Straus´ zu Präsident Roosevelt. Franks Familie, Frau, Kinder und Verwandte starben erniedrigt, verhungert im KZ. Gepeinigt, in den Nächten nicht schlafen gelassen. Sodass ihr Leben enden musste. Vater Otto befreiten die Amerikaner aus dem KZ Auschwitz 1945. Bevor er in die Gaskammer geschickt werden konnte.

Miep Gies, ehemalige Helferin der Franks in ihrem Versteck Prinsengracht 263 nahm das Tagebuch schon im August 1944 an sich. Wenige Stunden vor Annes Verhaftung. Um es vor der Gestapo zu schützen. Übergab es nach Kriegsende dem Vater der toten Tochter.

Der veröffentlichte es mit Hilfe eines Verlages. Und die Welt musste Kenntnis davon nehmen. Ob sie wollte oder nicht. Millionen erschüttert. Bis heute in siebzig Sprachen übersetzt. In allen zivilisierten Ländern gelesen, verschlungen geradezu. Anne das Totem der Nazizeit. In einer Welt, die immer noch Menschen verfolgt, peinigt, ermordet und Religionskriege führt. Totems warnen, sagte Marc Chagall, der eine Sonderausgabe ihres Tagebuches in diesem Sinne illustrierte.

Die französische Tageszeitung „Le Monde" gab Annes Tagebuch Platz 19 von 100 der weltbesten Bücher. Melissa Müller schrieb: An Annes Glauben scheiterte der Naziterror. Ein Asteroid bekam ihren Namen. Schulen, Bildungsstätten, Straßen und Plätze. Schriftsteller schrieben Theaterstücke, Hörspiele. Philipp Roth einen Roman. Robert Steadman komponierte Chormusik. Der Russe Grigori eine Oper. Der Spanier Rafael Alvero ein Musical. 1963 gründete Otto Frank einen Wohltätigkeits-Fonds. Wandelt ihn in eine Stiftung um.

Sie kümmert sich um medizinische Behandlung der Gerechten in aller Welt. Um die Erziehung der Jugend im Sinne der Verständigung. Gegen Rassismus aller Art. Verteidigt die Urheberschaft von Annes Tagebuch. Kürzlich um 70 Jahre verlängert. Gedenktafeln und Skulpturen in vielen Städten erinnern an ein kleines Mädchen, das nichts anderes wollte als leben. Spaß haben mit Jungen. Und alles, alles aufschreiben. Die UNESCO nahm Annes Tagebuch in das Weltdokumentenerbe auf. Ein Werk der Weltliteratur.

Bronzeplatten auf Bürgersteigen vieler Städte, eine vor ihrer alten Wohnung in Amsterdam. Stolpersteine genannt.

Anne hat ihren Tod bis heute um 72 Jahre überlebt. Sie wird länger leben. Solange Menschen über sie stolpern. Ihr Schicksal beweinen und alles tun, Diktaturen, Gewaltherrscher und autoritäre Systeme zu verhindern. Damit Menschen länger leben können.

Bronzene Gedenktafeln erinnern an Anne Frank. Stolpersteine genannt.

Lieschen Müller nennt man Frauen, wenn man abfällig vom Durchschnitt spricht. Sich selber für überdurchschnittlich hält. Sagt Lieschen, obwohl auch Anton Müller Durchschnitt wäre, gäbe es ihn. An Stammtischen frotzeln Männer über solche Frauen, wenn sie nicht mit ihnen verheiratet sind. Zucken mit den Schultern, als meinten sie irgendeine. Nein, bei Gott nicht die Frau eines Freundes. Oder eine, die alle kennen. Irgendwie nur allgemein gesagt wie alles Gemeine. Der durchschnittliche Mann kommt in ihren Gesprächen nicht vor. Männer sind unüblich, nicht über einen Kamm zu scheren. Sie sind herausragend in jeder Beziehung. Denkt der Mann.

Seltsamerweise erwähnt kein Meinungsforscher in Berichten beim Gespräch das Wort Anton Müller. Obwohl sie aus allen Untersuchungen den statistischen Mittelwert bei Frauen und Männern errechnen. Fragt man sie, ob sie Durchschnittsfrau definieren können, dass man es versteht, antworten sie rasch: „Wir eruieren - warum ein Fremdwort? - alle Varianten von Frauen und Männern. Getrennt, wenn typisch Weibliches oder Männliches abzufragen ist. Addieren die Zahlen und teilen sie durch die Anzahl der Befragten." Aha, ist also Lieschen Müller der gemeinsame Nenner für Frauen und Männer? Für den Lieschen Müller ihren Namen hergeben muss? Gibt es sie überhaupt?

Indigniert antwortet man, wenn man nachfragt: „Wir definieren damit nicht Geschlecht oder Charakter einer Person. Jeder hat ja einen anderen, wie *Jedermann* weiß." Schon ist wieder Mann im Spiel, als wäre *Jedefrau* nicht aussprechbar. Meinen das Verhalten beim Einkauf oder Lebensweise allgemein. Durchschnitt hin, Durchschnitt her. „Wir müssen den Mittelwert errechnen. Für Planung und Maßnahmen von Regierung, Industrie und Landwirtschaft."

Eines Tages tauchte **Otto der Normalverbraucher** auf. Und meint wieder den durchschnittlichen Menschen generell. Frauen und Männer. Wo aber findet man solche generellen Typen, die Fragen beantworten wie diese?

„Was essen Sie lieber Fleisch oder Fisch? Gurken aus dem Glas oder frisches Gemüse? Trinken Sie lieber Bier, Cola oder Wein? Mit was verbringen Sie Ihre freie Zeit? Wie viele Kinder haben Sie? Junge oder Mädchen? Welche Schule besuchen sie? Wo machen Sie am liebsten Urlaub und wie lange? Allein oder mit anderen, Familie oder Freunden? Wieviel Geld steht Ihnen im Monat zur freien Verfügung? Gehen Sie in die Kirche? Wie oft? Spenden für Soziale Einrichtungen? Wieviel? Und, und, und . . . ."

Lieschen Müller?

Am Ende einer solchen Fragerei ist keiner klüger geworden. Bleibt also Lieschen Müller auf der Strecke. Ob Frau sich betroffen fühlt? Seit Adam und Eva das Dummchen. Anhängsel des Mannes. Köchin und Putzfrau im Haus. Mama, die ihren Kindern wieder Zuversicht gibt. Weil Mann nicht weiß wie man Kinder tröstet, wenn sie weinen, Freund oder Freundin verlieren. Note 6 in Mathematik nachhause bringen. Während Otto Normalverbraucher denkt: „Ich bin die Nummer Eins. Von Gott geschaffen, der erste zu sein. Eva kam nach mir. Und dabei bleibt es."

Jeder, der einen gesunden Menschenverstand besitzt weiß, Frauen und Männer sind verschiedene Wesen. Aber auch geschaffen, vernünftig miteinander auszukommen. Neueste Fragen nach dem Rollenverständnis weisen nach, dass immer noch die Rollenbilder des 19ten Jahrhunderts existieren. Mann ist die Nr.1. Trotz Fortschritten in der Gleichberechtigung. Alice Schwarzers Dauerfeuer auf allen Foren, Zeitungseiten, in Talkrunden. Liegt es daran, dass Lieschen Müller ein Missverständnis ist bei Männern? Oder nur so daher gesagt? Sich keine Gedanken darüber gemacht, was Frauen denken und fühlen, wenn sie es hören?

Es ist an der Zeit, mit den Begriffen Lieschen Müller und Otto Normalverbraucher aufzuhören. Aus dem Wortschatz zu verbannen. Das Vorurteil, auch wenn es scherzhaft ausgesprochen wird, abzuschaffen. Es gibt kein Lieschen Müller! Keinen Otto Normalverbraucher! Das Schlimmste aber ist: Diese Redensarten sind populär geworden. Wie Arschloch oder Idiot. Fester Bestandteil im Wortschatz jedes Bürgers, der Deutsch spricht. Und nicht darüber nachdenkt, dass er damit das Individuum leugnet, das jeder ist. Die beiden eben zitierten Schmähworte nur beiläufige Bemerkungen. Im Zorn gesprochen, schnell vergessen. Lieschen Müller und Otto Normalverbraucher bleiben. Wenn nicht ausgesprochen, dann im Kopf. Wer weiß wie lange noch. Leute, die sich selbst für den besseren Menschen halten, hängen an solchen Klischees. Bedenken nicht, dass sie das Leben anderer verkürzen.

Jeder Mensch ist ein Original, ob Frau oder Mann. Es gibt keinen zweiten mit ihrem Namen, der ihr oder ihm aufs Haar gleicht. Zwillinge ausgenommen. Selbst die sind Individuen. Jeder ist einzigartig. Mit guten Eigenschaften und Mängeln. Genen, Augenfarbe, Temperament und der Länge seiner Lebenszeit. Jeder von ihnen wünscht glücklich zu sein. Und dieses Glück lange, lange zu genießen. Länger als er an seinen Fingern abzählen kann. Und hätte er hundert davon mal zehn. Der Fantasie sind keine Grenzen gesetzt.

Jeder bemüht sich ein anständiges Leben zu führen. Erfolg zu haben, den er verdient. Vorbild zu sein den Kindern oder Mitarbeitern in Firma, Gesangverein oder Kegelklub. An das zu glauben, was glaubwürdig ist. Hoffen alt und älter zu werden, gesund an Leib und Seele. Hundert Jahre und mehr dürfen es werden.

Helfer

Nicht von Menschen soll hier die Rede sein. Ihre Namen füllten viele Bücher. Auch nicht von Organisationen wie Rote Kreuz, Maltheser-, Johanniterdiensten oder Armenküchen. Ein Grundproblem des Menschen ist die Zeit. In diesem Buch ist Lebenszeit das Thema. Jeder erlebt, die Zeit fliegt dahin. Kommt, ist da und wieder weg. Niemand hat sie im Griff. *„Tempora mutantur et nos mutamur in illis"*, sagt ein lateinischer Spruch. Zeiten ändern sich und wir in ihnen. Menschen versuchen schon seit Jahrtausenden dieses unbeeinflussbare Phänomen Zeit zu beobachten, in eine Form zu bringen. Um es kontrollieren, messen zu können. Im Griff zu haben per Saldo.

Beginnen wir mit der Uhr. **Sonnenuhren** die ersten Zeitmesser. Jeder kennt sie, in südlichen Ländern zieren sie viele Häuser von Spaniern, Franzosen, Italienern. Nicht zu leugnen, dass in südlichen Ländern die Sonne fast ununterbrochen scheint. Ihr Stand tagsüber besser zu beobachten ist als im Norden. Erkennbar am wandernden Schatten. Morgens und abends am tiefsten, mittags am höchsten. Archäologen fanden eine Sonnenuhr halbkreisförmig aus Stein gehauen. Mit umlaufenden Strichen und einem Stab, der Schatten auf sie wirft.

Im 3.Jahrhundert v. Chr. prägte der griechische Astronom Aristarch von Samos den Begriff Skaphe für das hier gezeigte Modell der Zeitmessung. Im Jahre 30 v. Chr. beschrieb der Römer Vitruv in seinem neunten Buch über Architektur Skaphe als Abbild der Himmelskugel.

Uhren, Ur im deutschsprachigen Mittelalter genannt, schon über Jahrtausende Helfer des Menschen. Den Ablauf der Zeit besser zu verstehen. Tägliche Verrichtungen besser einzuteilen. Das Mittagessen nicht zu vergessen. Im Laufe der letzten Jahrhunderte wurden neue Modelle, Varianten der Zeitmessung entwickelt. Gesetzmäßigkeiten der Physik ließen Gehirne neue Ideen ausbrüten. Elemente wie Wasser oder Sand aus einem vollen Glasgefäß ganz langsam in ein leeres fließen. Und hatte damit eine Maßeinheit für die Zeit. Und ein eindrucksvolles Geschenk, mit dem man Eindruck schinden konnte. Gegenleistungen herausforderte. 807 schenkte Kalif Harun al Raschid Kaiser Karl dem Großen eine Wasseruhr.

Sein Kollege, der Kalif von Cordoba einen Elefanten. Der lebte 10 Jahre am Hof des Kaisers. Von der Lebenszeit der Wasseruhr im Kaiserlichen Haushalt ist nichts zu lesen. Ebenso nicht von Karls Gegengeschenken.

Ältester Typ einer Sonnenuhr in Form einer Halbkugel. 3. Jhd. v. Chr. Skaphe genannt.

Zeit zu messen blieb eine Notwendigkeit. Die Entwicklung neuer Uhrenmodelle nahm rasant zu. Schwarzwalduhr mit einem kleinen Fenster über dem Zifferblatt. Das sich öffnet zur halben und vollen Stunde. Ein hölzernes Vögeli herausguckt und Kuckuck ruft. Dabei bestätigend nickt und das Fenster wieder schließt. Einmal, zweimal und so weiter. Zwölf der letzte Schrei des Kuckuck. Fünf Minuten vor zwölf, höchste Zeit, heißt es ja, wenn´s brennt.

Astronomische Uhren sind technische Wunderwerke und optisch große Kunst. In vielen Städten Europas bewundert.

Heute ist die Atomuhr, Weltzeituhr genannt, verbindlich. International vereinbart für alle Länder auf dem Globus. Per Funk auf die so genannten Funkuhren übertragen. Die Zonenzeituhr berücksichtigt unterschiedliche Sonnenstände. Und damit den Ablauf des Tages. Flugreisende wissen, starten sie frühmorgens um 06:00 Uhr in Köln, ist es bei Ankunft in New York immer noch 6 Uhr morgens. In Tokio bei gleicher Abflugzeit 6 Uhr abends. In Mitteleuropa gilt die mitteleuropäische Zeit, MEZ. Eine Atomuhr in Braunschweig steuert alle Uhren in öffentlichen Einrichtungen. Bahnhöfen, Fernsehstationen z. B.

Astronomische Uhr von Isaak Habrecht 1580. Mit Zeituhr und Mondphasen die sogenannte „Kunst-Uhr" am Rathaus von Heilbronn.

Heute sind Uhren bei vielen Menschen eher Status-symbol als Zeitmesser. Wollen gesehen werden mit einer Rolex. Auffallen mit Tiefseetauglichkeit oder Diamanten rund um das Zifferblatt. Glitzern ist wichtig. Im Uhrenshop zeigen 70 Hersteller 10000 Modelle. In antik eingerichteten Wohnungen schlägt eine Westminster-Uhr. Bimmelt eine barocke Kaminuhr. In Antiquitätenläden immer auch gesuchte Objekte. Zeit zu erinnern, nicht nur den Alltag zu organisieren. Zu planen, zu bedauern, zu befürchten. Zeit bleibt Zeit. So oder so. Und daran ändert sich nichts. Ewigkeit scheint programmiert.

Maya-Kalender des Typs „Haab", mit Symbolen für jeden der 18 Monate mit je 20 Tagen

Der **Kalender** auch eine unverzichtbare Hilfe, das Leben zu organisieren. Schon die Mayas, Ureinwohner Mittelamerikas nutzten Kalender. Z. B. für Saat und Erntezeiten. Teilten das Jahr in 365 Tage wie wir. Plus ein Sonnenjahr. Der bei den Mayas gebräuchliche Haab-Kalender teilt das Jahr anders ein als wir. In 18 Monate mit je 20 Tagen. Zusätzlich ein 19. Monat mit 5 Unglückstagen. Möglicherweise schoben sie alle vier Jahre ein Schaltjahr dazwischen. Auf den Kalendern aus gebrannter Tonerde hatten farbig glasierte Zeichen und Logogramme eine bestimmte Bedeutung, die nicht alle verstanden. Deshalb war es unter anderem Aufgabe von Priestern, den Menschen diese Zeichen zu erklären. Archäologen vermuten Kalender bereits schon vor 3000 Jahren. Maya-Kultur hatte im 6. - 9. Jahrhundert ihren Höhepunkt. Die Gestaltung ihrer Kalender die Folge genauer Beobachtung von Sonnen- und Mondphasen. Zyklen in der Natur. Mit wechselndem Wetter und wechselnden Jahreszeiten.

In einem anderen Modell sei der 12. Dezember 2012 als Weltuntergangstag vermerkt. Behaupten steif und fest Esoteriker. Sogar Archäologen schließen sich dieser Meinung an. Bis der genannte Tag um Mitternacht zu Ende ging. Und alle Menschen, die nicht gestorben waren das Glas hoben und riefen „Prosit Neujahr."
Zurück ins 16. Jahrhundert. In dem der Kalender etabliert wurde, der mittlerweile weltweit gültig ist.

Ab 1949 auch in China. *Gregorianischer Kalender* nennt man ihn. Warum? Der damalige Papst Gregor VIII. hatte ihn eingeführt, weil der Julianische Kalender, von Julius Caesar installiert, dem Umlauf der Sonne 13 Tage hinterher hinkte. Obwohl der Namensgeber für seine Vorwärtsstratege gerühmt wurde. Trotz des neuen war der Julianische Kalender noch über 100 Jahre nach dem Trienter Konzil gültig. Wo 1563 neben dem kirchlichen Reformen und Kalender Zeichen gesetzt wurden gegen den stärker werdenden Protestantismus. Gregor wäre kein Papst, hätte er nicht die Heiligen dabei im Sinn gehabt.

Wie jeder weiß, sind christliche Feiertage - Ostern - Pfingsten und Weihnachten Fixpunkte jedes Kalenders. Am 11. November Allerheiligen. Vielleicht war der Kirche die pauschale Erwähnung aller Heiligen nicht genug. Ihre Namen mussten die Tage im Kalender markieren. Ständige Erinnerung an Menschen, deren Namen ihre Kirchen tragen. Vorbilder für die Gemeinde. Dank Gutenbergs Erfindung konnte man sie jeden Tag gedruckt im Kalender lesen. Im Laufe der Zeit summierte sich die Zahl der Heiligen auf viele Tausende. Sodass heute auf jeden Tag im Kalender mehr als ein Heiliger fällt. Kein Platz für so viel Heilige pro Tag. Neben Kirchenflucht einer der Gründe, heute in Kalendern nur noch Datum, Woche und Monat zu drucken.

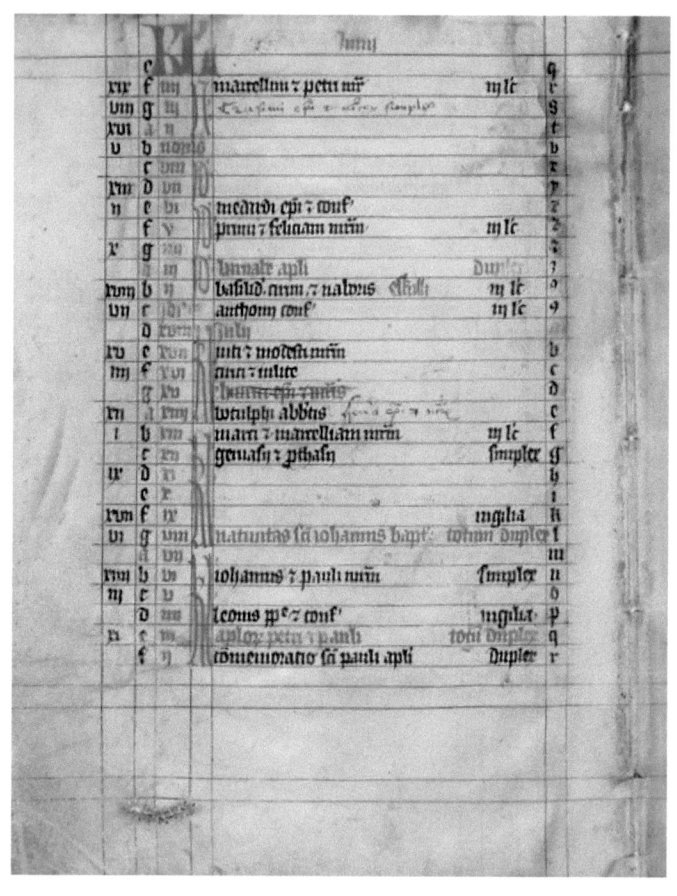

Seite eines Heiligen-Kalenders im Dominikanerkloster Turku,
Finnland um 1340

In den ersten Kalendern spielten Heilige die erste Geige, während man Gott die Hauptrolle in der Kirche gab. Am 30. Juni also feierte man z. B. den heiligen Otto, Bischof von Bamberg. Vom deutschen Kaiser Heinrich IV. eingesetzt, den der damalige Papst exkommunizierte. Weil der 1102 seinen Kaplan Otto als Bischof von Bamberg einsetzte. Ein Privileg, das allein dem Papst zustand. Die Auseinandersetzung um dieses Recht eskalierte erneut. Bischof Otto wurde 1122 auf der Synode von Fritzlar auf Betreiben der Papstpartei aller Ämter enthoben.

Er aber, überzeugter Christ und eifriger Gotteskämpfer, hatte bereits vorher schon große Teile Pommerns missioniert. Klöster bauen lassen und Kirchen. Der Bau der Dome in Speyer und Bamberg stand unter seiner Aufsicht.

Daran erinnerte sich der Vatikan später und sprach ihn 1189 heilig. Setzte sein Namensfest auf den 30. Juni. So weit, so schön. Wenn es nicht noch andere Ottos gäbe. Die anderen Eltern sympathischer sind als ein Heiliger.

Ein kleiner Exkurs zum Thema Namensgebung. Kaiser Otto I. könnte infrage kommen. Ein Problem bei Katholiken. Weil er kein Heiliger war. Heiden und sonstigen Kirchenfremden bereiten die Namen ihrer

Kinder keine Kopfschmerzen. Sie feiern wie die Protestanten ihren Geburtstag. Den Tag, an dem sie die Welt begrüßten mit einem mehr oder weniger lauten Schrei. Was sind schon Namen? Sich bemerkbar machen ist heute wichtiger. Nicht voreilig, liebe Leser.

Ohne Namen wären alle Lebewesen irgendwas oder irgendwer. Nicht anzusprechen. „Hello" zu wenig für eine Freundschaft. „eh Du" kein vollwertiger Ersatz für den Namen eines Individuums. Alldieweil also Milliarden Menschen einen Namen brauchen, fürs Geburtsregister zuerst, kriegt jeder einen verpasst. Einen, der ihren Eltern und Paten gefällt. Er selbst hat keinen Einfluss darauf. Muss sich so rufen oder anschreien lassen. Und bitten, wenn man was von ihm will. Behält ihn, solange er lebt. Vererbt ihn an eines seiner Kinder. Und die wieder an eines ihrer und so weiter und so weiter. Solange, bis einer den Otto leid ist.

Vergessen wir die Listen in Standesämtern. Die meisten Namen zwar noch traditionell. Aber immer mehr fremde schleichen sich ein. Betören die junge Mama, den Papa, weil sie so schön klingen. An einen Filmstar, Rocksänger, Ferien in Italien oder Tunesien erinnern. Andersartig. Wie vieles, was uns im Alltag begegnet. Bekannte mit dem ein oder anderen Namen, der gefällt. Alle wählen den, der ihnen irgendwas bedeutet. Egal wie er ausgesprochen klingt.

Kaiser Otto I. der Große, Reiterdenkmal von 1250 auf dem Magdeburger Alten Markt.

Nicht wenige hätten im Laufe der Jahre lieber einen anderen Namen gehabt. Gewöhnen sich aber an den im Stammbuch. Nun, Namen bleiben Namen. Damit man weiß wer man ist. Nur Ottos können das Grübeln nicht lassen. Otto, welcher? Der Bischof? Der Kaiser? Alles heißt Otto. Das Versandhaus in Hamburg. Otto-Brot auf dem Freiburger Münstermarkt. Ist Otto nichts mehr wert. Oder? Auch Otto von Bismarck steht auf der Liste, Otto von Habsburg. Ottos so viele, dass man sie nicht zählen kann. Umtaufen beim Standesamt möglich aber aufwändig. Woher einen neuen nehmen?

Der Kalender hatte sie früher in Hülle und Fülle. Einfach durchblättern vom 1. Januar bis 31. Dezember. Seit die Heiligen nicht mehr im Kalender stehen findet man sie alphabetisch im Internet. Irgendwo macht´s klick. Wenn man Pech hat, will Frau wieder Otto. Weil ihr Jugendfreund so hieß.

Es könnte aber der Kaiser Otto I. sein. Kein Heiliger, aber ein Großer, wie ihn die Nachwelt tituliert. Ein Vorbild für Katholiken. Überzeugter Christ und eifriger Gotteskämpfer, Gründete zahlreiche Bistümer in großen Teilen Pommerns. Vertrieb die einfallenden Ungarn. Vergrößerte das Deutsche Reich bis ins Elsass und Teilen Italiens. Seinem Leitstern Kaiser Karl der Große folgend. Ließ sich wie er 162 Jahre später 962 in Rom zum Kaiser krönen. Nicht wenige halten ihn für bedeutsamer als den Bischof von Bamberg. Auch wenn er nicht im katholischen Heiligen-Kalender verzeichnet ist.

Sei´s drum, es lebt sich auch ohne Kalendernamen. Heilige nicht mehr gefragt. Alles muss modern sein. Nennt Söhne Kevin oder Vitus. Mädchen Mona oder Taisia. Namen, die auch nicht im Kalender zu finden sind. Man findet sie aufgelistet im Internet. Alphabetisch, nach Beliebtheit oder Herkunft.

Hersteller von Produkten nutzen Kalender, um Werbung zu machen. Die meisten sind belanglos, zeigen schöne Landschaften, Allerweltskunst. Andere suchen Männer zu beeinflussen mit Fotos schöner Frauen. Im Kalender des Reifenherstellers Pirelli räkeln sie sich fast nackt auf Autos. In verführerischen Posen. Um mehr Reifen zu verkaufen. Ob´s gelingt? Seine Kalender finden rasenden Absatz.

Nichts desto trotz bleibt der Kalender, was er ist. Festzustellen: die Tage gehen dahin, die Jahre. Menschen, die ihn blättern. Termine , Geburtstage notieren und sterben. Nur der Kalender als Hilfsmittel bleibt. Man könnte glauben, Kalender ist eine Institution. Bleibt aktuell wie die Kirche Christi bisher.

Sehnsuchtsort derer, die älter werden schön finden. Weil Neujahr gefeiert werden kann? Oder Himmel versprochen ist? Nach endgültigem Abschied vom hiesigen Jammertal.

Oder wird der Maya-Kalender eingeführt in der ganzen Welt? Der auf astronomischen Zeichen und Bildern aufgebaute Kreis gilt noch heute als Orientierung. Bei einigen Ethnien Mittel- und Südamerikas. Und solchen, die den Tag des Weltuntergangs prognostizieren. Obwohl er bereits lange vorbei ist. Von der Zeit reguliert.

Es bleibt die Sehnsucht aller Menschen, länger zu leben. Halten deshalb am Gregorianischen Kalender fest. Weil sie glauben, auch papierne Ordnung helfe ihnen, länger oder sogar ewig zu leben? Traum von Verlierern? Oder Gewinnern? Gebe sich jeder selbst die Antwort.

Ein Poet zum Thema

Da schreibt ein Mann in einem Buch über seine verstorbene Frau: Rose ist das Feuer in meinem Ofen.
Sie wird nicht sterben, nein! Sie lebt. In mir, neben
mir, im Auto unterwegs. Tags nachts und allen Sekunden dazwischen. In meinen Büchern spielt sie die
Hauptrolle. Lebt und liebt, trinkt den Spätburgunder
mit mir. Genießt mit mir Sonnenuntergang und
Mondaufgang. Die vierte Symphonie von Brahms in
der Philharmonie. Das Lamm-Karee bei „Ana und
Bruno" in Berlin. Weckt mich auf, wenn ich müde
werde. Spornt mich an, wenn ich die Lust verliere.
Gibt sich mir hin, wenn ich träume von ihr. Ihrem
schlanken Leib, den Brüsten, den göttlichen. In ihr
Innerstes eindringe, als lebte sie noch. Sie umschlin-
ge, damit niemand sie mir wegnimmt. Alles in meiner
Fantasie. Geträumt und geschrieben. In meinem
Buch wirklich geworden.

Mittlerweile sind vierzehn Bücher entstanden. In
den acht Jahren nach ihrem Tod. Hinter jedem Wort,
jedem Gedanken steht sie. Soll mir einer sagen, sie
lebte nicht mehr. Authentischer, schöner und länger
kann ein Mensch nicht leben, wenn er geliebt wird
über den Tod hinaus. In flüchtigen und dauernden
Gedanken an ihn. In künstlerischen Werken. Bildern,
Plastiken, Musik und schwarzweiß auf Papier ge-

schrieben und gedruckt. Für die ungläubige Welt. Beispiele in vielen Büchern sind Beweis genug.

Nicht wenige Menschen im Seniorenstift, das auch meine Wohnstatt ist, blicken mich traurig an, wenn ich ihnen begegne. Lachend „Guten Morgen" sage und ihnen davon laufe, als wäre eine Dogge hinter mir her. Mit fletschenden Zähnen und hechelndem Atem. Wem will ich entfliehen? Krücken, Rollator oder Rollstühle bleiben zurück. Mit denen, die sie bewegen, sich bewegen lassen. Schritt für Schritt. Alle Nase lang stehen bleiben. So tun, als redeten sie miteinander. Bedauernswert am Ende ihrer Zeit. Einsam. Bedauernswert. Ja.

Noch bedauernswerter, wenn man bedauernswert steigern könnte ist ihre Hoffnungslosigkeit. Alles geht dem Ende zu. Niemand kann es präzis vorher sagen, schon gar nicht aufhalten. Auch kein Medicus. Denken sie und haben sich damit abgefunden, wohl oder übel. Als mir einer im runter fahrenden Aufzug sagte: „Mit uns geht's nur noch abwärts" antwortete ich ihm: „Stellen Sie sich auf den Kopf, dann geht's aufwärts." Scherze dieser Art können sie nicht mehr vertragen. Geschweige denn verstehen, wie sie gemeint sind. Nicht jeder mag Possenreißer wie derzeit der Bayer Michael Mittermeier.

Bin ich ein Possenreißer? Oder einer, der ewig leben will. Alles unternimmt, ewig zu sein. Mit den

Themen, über die er schreibt. Themen, die so alt sind wie die Menschheit. Immer wieder der Tatsache geschuldet, dass wir Menschen und keine unfehlbaren Götter sind. Die zwar gesund die Hundert erreichen wollen und darüber hinaus. Aber wenig dafür tun, dass ihr Verstand wach bleibt, das Morgen im Blick.

Jeder kann denken und tun, was ihm gefällt. Auch wenn einer schon sehr alt, von Natur aus kein Optimist ist, lohnt es sein Leben anders zu betrachten. Eine Perspektive zu suchen, die nicht Ende sondern Anfang ist. Gelingt ihm dies, lebt er bereits länger. Engagiert bei Gesprächen über neue Kunst. Liest Bücher von jungen Autoren. Denkt gelassen darüber nach, dass nach dem Tod noch nicht alles zu Ende sein könnte.

Vielleicht haben Sie verehrter Leser mal wieder Lust, Mundharmonika spielen. Tun Sie es. Spät zwar aber nie zu spät. Denken Sie an Glückshormone. Und Sie leben länger. Denn jedes Glück zählt doppelt. Mindestens.

Symbole der Zeit

Wohin wir auch fahren nah und fern, überall sehen wir Symbole langen Lebens. Von Menschen Gebautes, das Jahrhunderte überdauerte. Sodass wir es betrachten, sogar betreten können. Zeit einzuatmen, die einmal war. Seltsam berührt vom Gestern im Heute. Gewissermaßen tot und lebendig zugleich. Verwundert, es immer noch an der Stelle zu sehen, an der es errichtet wurde.

Zeugen der Vergangenheit sind Beweise für länger leben. So lange jedenfalls, wie die Jahre, die sie hinter sich ließen. Bis jetzt. Alles deutet darauf hin, dass sie noch weitere Jahre da sein werden. Länger als hundert Menschenleben dauern. Die Antiken beweisen es. Römische Bauten und Stadttore finden wir in der Nachbarschaft. Das rheinlandpfälzische Trier gehört seit 1986 zum UNESCO-Weltkulturerbe. Weil gut erhaltene Bauwerke an die römische Zeit erinnern.

Eindrucksvoll Porta Nigra, das Stadttor. Die Basilika des Kaisers Constantin. Eine große Halle, in römischer Zeit Versammlungsort des Parlaments. Barbarathermen, Kaiserthermen weisen darauf hin, dass die Römer warmes Wasser liebten. Im Amphitheater nicht nur angespannt Wettkämpfen folgten. Auch aus vollem Halse lachten, wenn Spiel oder Komödie menschliche Charakterschwächen zum Thema machten.

Nicht weit in Frankreich findet man die am besten erhaltenen Amphitheater. Große Rondelle für zigtausend Besucher. Im Mittelalter wurden die von Römern gebauten Arenen der Unterhaltung Zufluchtsorte. Würdenträger von Kirche und Adel verkrochen sich dort wie in einer Festung. Aus Furcht vor aufmüpfigem Pöbel. Der damals schon nichts anderes wollte als Gleichberechtigung. Die Wut war groß. Die Angst derer noch größer, die Macht besaßen über Menschen und Sachen.

Zogen mit Familie, Dienerschaft, Pferden, Wagen, Möbeln ins sichere Quartier. Arenen waren geschlossene Bauten. Ihre Eingänge leicht zu verschließen. Bauten Paläste, Häuser, eine Kirche in ihrem Innern. Sodass man seine Schönheit nur noch von außen sah. Den alten Zweck im Innern nicht mehr erkennen konnte. Bis im 19. Jahrhundert Kulturminister Prosper Mérimé anordnete, alle antiken Kulturdenkmäler im Land wieder in den Originalzustand zu versetzen. Zug um Zug waren alle großen Arenen wieder auferstanden. In Arles, Nimes und Orange. Andere Bauwerke restauriert, damit Vergangenheit Gegenwart wurde. Und Zukunft für eine sehr lange Zeit.

Wir bewundern ihre Schönheit. Eine Technik, die

sie Kriege, Revolutionen und stürmische Wetter überstehen ließ. Die Zeiten überstanden, um ewig zu leben. Jedes Mal beschleicht uns ein Gefühl von Dauer. Alt werden in Würde. Spüren und denken es. Wenn wir im Innern eines Amphitheaters herum spazieren. Den Ziegelstein berühren, der vorspringt aus dem Verband. Wechselnd gesetzte Ziegel sind typisch für römisches Mauerwerk. Sie stabilisieren das ganze Gebäude. Lebendig durch Licht und Schatten.

Wenn wir die Sitzstufen eine nach der anderen hinaufklettern, die Bühne von ganz oben zu sehen. Zu verstehen, was unten einer flüstert. Die Akustik antiker Arenen ist heute wie damals fantastisch. Zu sehen die dreieinhalb Meter große Figur des Kaisers Augustus. Im Rund der Nische klein wie ein Zwerg. Immer noch werden die antiken Arenen bespielt. Mit Stücken antiker und zeitgenössischer Autoren. Schauspiel, Komödien und Opern im Programm.

Das Amphitheater im italienischen Verona ist Ziel von Opernfreunden aus aller Welt. Aida, La Traviata, Nabucco, Bajazzo zu feiern. Wörtlich genommen trotz harter Sitze. Weil wieder Musik im Spiel ist. Von der wir wissen, sie macht glücklich. Aber zweitausend Jahre und Musik, ist das nicht zu viel auf einmal? Volksmund sagt: doppelt gemoppelt hält besser. Optimisten folgern daraus: es lebt sich länger. Mit ein bisschen Glück.

Römisches Amphitheater in Orange, Frankreich. Die Statue Kaiser Augustus, 3,35m groß in einer Nische der Bühnenwand.

Kirchtürme wirken wie Zeigefinger. Achtung! Daran denken, es gibt Größeres als dich. Das Zentrum in Städten, kleinen und größeren Gemeinden. In Mittelalter, Renaissance und Barock oft prominent gebaut auf Anhöhen und steilen Felsen. Damit sie Gott näher sind. Beispiele in Fülle. Von bewundernswerter Gestalt. Schön anzusehen. Fotografieren ein Muss. Warum? Erinnern weckt neue Gefühle, lässt hoffen. Ganz weit hinten im Kopf Gedanken an Dauer. An das, was bleibt und nicht verschwindet eines Tages. Gehen wir hinein, umfängt uns dämmriges Licht. Gedanken beginnen Dimensionen zu denken, die kein Ende haben. Könnte es nicht auch Anlass sein, länger leben zu wollen? Meister Eckhard sagte um 1200: „Glaube ist nicht einfach da. Kommt und geht. Du musst ihn wollen und du glaubst".

Jahreszeiten sind deutliche Hinweise auf Beständigkeit im Wechsel. Symbole für Kommen und Gehen. Frühling der erste. Die meisten freuen sich. Winterklamotten verschwinden im Schrank. Nackte Haut an Armen und Beinen tankt Sonne. Die lüsterne Zunge schleckt Eis. Gespräche werden lockerer. Zukunft im Blick.

Der Dom in Siena, Toskana, erbaut aus schwarzem und wei-
ßem Marmor im 13 - 14. Jhd. Hoch über der Stadt auf
einem Hügel.

Andere ärgern sich, wenn das Wetter ihnen entgegen der Angaben im Kalender nicht in den Kram passt. Schneeschmelze schon Anfang Januar enttäuscht Skifahrer. Wochenlanger Regen vermasselt den Urlaub. Eine längere Hitzeperiode im Sommer und die Früchte an Bäumen, auf Feldern vertrocknen. Bauernverbände verlangen Subventionen. Die Preise klettern.

Auch wenn das Datum im Kalender Sommeranfang anzeigt, stimmt es in den seltensten Fällen. Bei Herbst, Winter und Frühling dito. Wetter macht was es will. Weil es sich um nichts anderes kümmern muss als um sich selbst. Mensch guckt in den Kalender. Die Vorhersagen im Fernsehen merkt er sich. Damit er rechtzeitig mit der Gartenarbeit beginnen, den Urlaub einplanen kann. Immer folgt er dabei den Jahreszeiten. Sie sind ein sehr bestimmendes Element im Ablauf unseres Lebens.

Mensch kann davon profitieren, wenn er sich an deren Gesetzmäßigkeit hält. Auch wenn nicht immer einfach ist, sie so zu akzeptieren wie sie sind. Ein verschobener Urlaub ist besser als keiner. Betrachten wir also die Jahreszeiten als Konstante in unserem Leben. Alles andere ergibt sich automatisch.

Die ersten Schneeglöckchen

Anders als beim Menschen. Der auf die Welt kommt. Zur Freude von Eltern und Verwandten. Etliche Jahre durchlebt mit wechselndem Erfolg, stirbt und bleibt auf einem Foto aus Papier. Äußerlich betrachtet. Jahreszeiten sterben nicht, es sieht nur so aus. Sie kommen wieder und wieder, lebendig wie eh und je. Zur Beruhigung: Für jeden eine, die er am liebsten hat. Immer mit einer Regelmäßigkeit, die Menschen sich lebenslang für hohe Zinsen im Sparbuch wünschen.

Der neue Frühling ist wie der alte. Vielleicht weniger Blüten am Kirschbaum als Letztjahr. Aber es blüht. Setzt Knospen an, die zu Früchten reifen. Geerntet, gegessen, eingemacht oder verkauft werden. Alle Jahreszeiten ignorieren das Schaltjahr. Lassen sich von Mondphasen nicht irritieren. Von Rechenkunststücken der Menschen erst recht nicht. Kommen, gehen, kommen wieder und gehen wieder. Jahr um Jahr. Jahrhundert um Jahrhundert. Jahrtausende und Jahrhunderttausende bereits. Wenn das keine Verlässlichkeit ist, was dann?

Es wird noch Jahrbillionen so weiter gehen in dieser Abfolge. So wechselhaft Launen von Wetter und Menschen auch sind. Sollte einer auf die Idee kommen, einen neuen Kalender einzuführen? Muss auch er sich nach den Jahreszeiten richten. Möge er noch so weitblickend sein. Papst oder Generalvorsitzer einer Weltpartei. Die Jahreszeiten bleiben. In der Abfolge konstant. Trotz gelegentlicher Launen, mal wärmer, mal kälter. Auf das Prinzip können wir uns verlassen: Frühling wird und Sommer, Herbst und Winter. In dieser Reihenfolge und nicht anders. Bis in alle Ewigkeit. Methusalem dagegen ein Waisenknabe. Penuts will ich mir verkneifen. Erinnert an den Chef der Deutschen Bank, der Anlage-Geschäfte locker so nannte. Und deshalb den Vorsitz verlor.

Jeder von uns aber gewinnt. Ein Jahr nach dem anderen. Mögen es viele werden mit Glücksmomenten, die Ihnen vorkommen wie eine Ewigkeit.

Die Sonne. Wunderbar erhebendes Gefühl, wenn die Sonne aufgeht. Jeden Morgen. Es war gestern so und wird morgen so sein. Und alle Tage unseres Lebens. Dieses Bewusstsein vermittelt eine Ahnung von Ewigkeit. Seit Menschengedenken ist das Gestirn am Himmel Symbol des Ewigen. Bei den alten Ägyptern in Gestalt des Sonnengottes Ra. Der auf einer Barke kommt, verschwindet und wiederkommt. Auf seinem Kopf die Sonnenscheibe.

Aus der Zeit um 1400 v. Chr. kennt man den bronzenen Sonnenwagen von Trundholm in Dänemark. Bei den alten Griechen Helios der Sonnengott auf vielen Altären. Bei den Römern war Sol invictus, der unbesiegbare Sonnengott das Symbol für Neuanfang. Nahtlos im vierten Jahrhundert übergegangen ins christliche Weihnachten. Symbol für ein neues Leben in Christus. Ein Gott, der nicht stirbt.

Sonnenaufgang über den Höhen des Schwarzwaldes.

Wir können uns nicht vorstellen, das die Sonne eines Tages nicht mehr aufgeht. Auch wenn die Wissenschaft in größeren Zeiträumen denkt und versucht zu berechnen, wann sich der nächste Urknall ereignet. Und alles von vorne beginnt.

Jeder wird mir zustimmen: Sonne ist Licht. Und Licht ist lebenswichtige Energie für alles, was wächst und gedeiht. Und lange lebendig bleiben möchte. Mensch lebt von diesem natürlichen Licht. Spürt es nicht nur auf der Haut. Tief innen scheint die Sonne. Ein Aphorismus fällt mir dazu ein:

„Alternativen: Sonne genossen, der eine - zu wenig Sonne gehabt, der andere - Sonne im Herzen, der lachende Dritte."

In nebligen Wintern hilft Höhensonne aus der Steckdose. Vorübergehend. Natur aber lebt schon ewig von der Sonne am Firmament. Verschwindet am Abend, kommt wieder am Morgen. Alles lebt wieder auf, wächst und gedeiht, trägt Frucht. Seit wir denken können. Beheizte Treibhäuser sind menschengemachte Technik. Nur Notbehelf. Nichts kann mehr bewirken als die Strahlen einer ewigen Sonne. Ebenso kann wenig eingewendet werden gegen 1000 Jahre, die wir gerade noch überschauen. Sie lassen sich mit unseren Maßstäben messen. Das Alter von Bäumen zum Beispiel. In den Stürmen der Jahrhunderte alt gewordene Gewächse. Nachweisbar aufs Jahrzehnt genau.

Ölbäume sind erst in hohem Alter schön. Auch wenn sie krumm und irgendwie verdreht ausschauen. Ihren Stamm in zwei oder mehr Teilen auseinander winden, als brauchten sie mehr Bewegungsfreiheit. Viele hundert Jahre werden sie und produzieren immer noch fleißig Früchte. Bekannt und beliebt in aller Welt. Ob wir alte, gebrechliche Menschen und ihre reifen Gedanken auch so lieben und nutzen wie saftige Oliven?

Menschen verfallen heute dem Jugendwahn. Wollen nicht älter werden. Konzentrieren sich auf das, was ewige Jugend verspricht. Ganze Industriezweige werfen Produkte auf den Markt, die versprechen, solche Wünsche zu erfüllen. In Zeitschriften, Fernsehen und allen Medien publiziert. Zielgenau die Gruppe im Visier, die den größten Umsatz verspricht. Niemand blickt mehr hindurch. Die Betroffenen schon gar nicht. Aber sie kaufen, weil sie jung bleiben, länger fit und gesund das Leben genießen wollen.

Olivenbaum auf Mallorca etwa 400 Jahre alt

Viele Früchte von Bäumen, Sträuchern brennen gewiefte Hexenmeister zu klaren Schnäpsen. Symbole für langes Leben. Zahlen werden vorsichtshalber nicht genannt. Nennen sie deshalb ganz einfach nur Lebenswasser. „Eau de vie" auf Französisch versteht jeder, der sich davon alles verspricht. Himbeeren, Pflaumen, Quitten, Aprikosen u.a. beruhigen die Zweifler. Aromaträger in reinem Alkohol , der die Fantasie anregt bei allen, Zweifler inklusive. Ob die sprichwörtlichen Lebenswässerle gut für ein langes Leben sind, wird jeder eines Tages selbst genau wissen. Wenn er sein Gehirn dann noch funktioniert.

Andere mixen Tinkturen, Salben, Cremes aus denselben Gründen wie die Brenner von klaren Schnäpsen. Bedürfnisse befriedigen und Umsatz machen um jeden Preis. Geschmack spielt hierbei keine Rolle. Wirkungen entscheiden, ob ihr Produkt hält, was es verspricht: Akne und Schuppenflechte sollen verschwinden. Faltige Haut glatt werden wie bei Jugendlichen. Der Mensch freut sich. Auch wenn dem nicht so ist oder nicht so ausfällt wie er hoffte. Bildet sich ein, es könnte vielleicht doch werden wie gewünscht. Lässt sich zu einem anderen Präparat verführen. Getäuscht von der Vorstellung, technischer Fortschritt wirkt Wunder. Was ohnehin nur äußerlich zu sehen ist, wenn überhaupt.

Über die Alternative geistig jung zu bleiben redet kaum einer. Selbst Ältere mit langer Lebenserfahrung geben sich falschen Hoffnungen hin. Kaufen das Zeugs. Und trauen sich nicht zu meckern, dass sie Geld ausgegeben haben für Sachen, die nicht helfen wie versprochen. Es könnte ja noch ein Wunder geschehen. Glauben? Hoffen? Verzweifelt.

Falten sind das untrügliche Zeichen von Altern und Reifen. Mensch werden in seiner Vollendung. Denken Sie an die eindringlichen Bilder Dürers, den 93jährigen Greis, seine alte Mutter. Auch in der Antike waren alt gewordene Menschen hoch geachtete Vorbilder. Weil man ihre in langen Jahren gewonnenen Erfahrungen wie Weisheiten schätzte. Ratschläge erhielt, das eigene Leben zu meistern. Aber heute schieben viele das Alter beiseite. Jung will man bleiben. Und es allen zeigen. Cremes und Tinkturen die helfen sollen, haben ihre Grenzen. Irgendwann. Meist schneller als man es gern hat.

Zurück zur Natur. So wie sie ist, seit wir sie wahrnehmen und erleben können. Unbeeinflusst vom Menschen und seiner Fähigkeit, sie nach seinen Vorstellungen umzuwandeln. Abarten züchtet, veredelt. In Beete pflanzt, an Straßenränder. Auf Dächer und in Töpfe auf dem Balkon. So schön alles aussieht, wir müssen immer wieder erfahren, alles welkt und stirbt jedes Jahr. Wenn das Wetter günstig und die Pflege fachgemäß, bleibt es ein paar Jahre so. Irgendwann aber muss Neues gepflanzt werden.

Nur weniges lebt länger als Nahrungsgrundlage, Pflege und Tageslicht ermöglichen. Kakteen z. B. in der Wüste werden sehr alt. Weil ihre Wurzeln bis ins Grundwasser reichen. Tamarisken blühen nicht nur unentwegt, sie machen Wüsten fruchtbar. Weil sie ihnen das Salz entziehen.

Ein Natur-Phänomen?

Ein solches Phänomen wächst und blüht auch in Deutschland. Vergessen wir die uralten deutschen Eichen. Genug gepriesen im Dritten Reich, als Hitlers Jugend in ihrem Schatten Lieder sangen. Sich wie Söhne des Germanengottes Wotan fühlten. Vergessen auch Ulmen und Buchen, die sehr alt werden können. Denken wir an Rosen, Symbol ewig währender Liebe. De Facto gibt es wirklich einen alten Rosenstock. Den nicht nur die fromme Legende lobt. Er wächst außen am Chorhaus des Hildesheimer Mariendoms. Man feiert das Tausendjährige Rosenwunder. Wissenschaft bestätigt ihm flotte siebenhundert Jahre. Mindestens.

Ein Naturwunder. Im Bombenkrieg verbrannt, verschüttet unter dem Steinschutt der Chorkapelle. Acht Wochen danach trieben 25 Triebe gen Himmel. Knospten und blühten in alter Pracht. Wuchsen hoch und höher bis unters Dach des wieder aufgebauten Doms. Gestützt von einem Klettergerüst. Kletterrosen sind es, auch Hundsrosen, Heckenrosen oder Hagebuttenrosen genannt. Sie entwickeln unentwegt unterirdische Triebe, die es nach oben drängt. Ans Licht! Ans Licht!

Dieses Phänomen steht symbolisch für Leben. Veranlasst Menschen nachzudenken. Wissen, woher sie kommen. Wissen wohin sie wollen. Woran sie sich festhalten. Festhalten muss man sich können. Wie Jeanne Louise Calment an Zuversicht. Und glauben an ein Wunder. Nicht überzeugt?

Dann machen Sie sich die Mühe und konzentrieren sich bewusst auf das nächste Bild. Neue Erkenntnisse kommen nur, wenn Sie es wollen. Mit dem Glauben ist es nicht viel anders, predigte Meister Eckhart schon vor achthundert Jahren. Du musst glauben wollen.

An das Neue, das Unfassbare. Oder lassen, was es ist: das Wunder Gott. Rosenstock, das Wunder des Lebens in diesem konkreten Fall.

Tausendjähriger Rosenstock am Hildesheimer Dom.

Über den Autor

Otto W. Bringer, 89, vielseitig be-
gabter Autor. Malt, bildhauert, foto-
grafiert, spielt Klavier und schreibt,
schreibt. War im Brotberuf Inhaber
einer Agentur für Kommunikation.
Dozierte an der Akademie für Mar-
keting-Kommunikation in Köln.
Freie Stunden genutzt, das Leben in Verse zu gießen.
Mit 80 pensioniert und begonnen Prosa zu schreiben.
Sein Schreibstil ist narrativ, "ich erzähle" sagt er. Seine Themen sind die Liebe, alles Schöne dieser Welt.
Aber auch der Tod seiner Frau. Bruderkrieg in Palästina. Werteverfall in der Gesellschaft. Die Vergäng-
lichkeit aller Dinge, die wir lieben. Die zwei Seelen in
seiner Brust.

Weitere Bücher von Otto W. Bringer

"ROSE LEBT": Wieder auferstanden in diesem Buch. Lebendig in Bildern und Liebesbriefen an die Verstorbene.
Taschenbuch mit 230 Seiten und 15 Fotos

"MALLORCA mit allen Sinnen": Land und Leute kennen und lieben gelernt. Das Meer, die Buchten, in Finkas gewohnt und in Nobelhotels. Mit Einheimischen gefeiert.
Taschenbuch mit 212 Seiten und 21 Fotos, auch als ebook lieferbar

"ITALIEN mit allen Sinnen": Die Wiege abendländischer Kultur. Ziel ihrer Sehnsucht, Menschen kennenzulernen. Zu sehen, zu erleben, was Kunst ist. Einschließlich kulinarischer Genüsse.
Taschenbuch mit 242 Seiten und 21 Fotos, auch als ebook lieferbar

"FRANKREICH mit allen Sinnen": Nachbarland, in dem Geschichte lebendig ist. In römischen Theatern, Klöstern und Königsschlössern. Kultur eingeatmet, Geschichte hautnah erlebt. Sterneküche und Bistros genossen.

Taschenbuch mit 220 Seiten und 30 Fotos, auch als ebook lieferbar

"ZUHAUSE – Wo?" Autobiographie, eine lange, detailreiche Geschichte. Mit Niederlagen und Siegen. Überraschenden Höhepunkten und geplanten Erfolgen. Liebe und Tod die Eckpunkte allen Geschehens.

Taschenbuch mit 443 Seiten

"GESICHTER das Rätsel hinter den Fassaden" Alles hat ein Gesicht. Essays über Pharaos Goldmaske, Jesus von Nazareth, Karl der Große, Goethe, Adenauer, Marilyn Monroe u.a. Ein Hund, Landschaft, Städte und der Autor selbst im Spiegel. Findet er des Rätsels Lösung?

Taschenbuch mit 250 Seiten und 18 Abb., auch als ebook lieferbar

"AUGE um AUGE": Roman über den Konflikt zwischen Juden und Palästinensern. Politische und gesellschaftliche Probleme. Ein Mann und zwei Frauen darin verwickelt. Eine von ihnen ist Jüdin. Engagiert mit ihrem Freund für Versöhnung. Sie lernen sich kennen und das Drama nimmt seinen Verlauf. Tote auf allen Seiten. Ein Mann, eine Frau bleiben und ein dreijähriges Kind.
Taschenbuch und Hardcover mit 286 Seiten, auch als ebook lieferbar

"PORCUS – das charakterlose Schwein" Fast ein Krimi. Lebenslauf von Gymnasiasten, die sich mit lateinischem Namen ansprechen. Porcus einer, der sie verpetzte, als sie in der Pause mit Mädchen schmusten. Später versuchte er einen von ihnen zu töten. Was ihm nach vielen schlimmen Ereignissen zum Schluss auch gelang. Weil er einen schlechten Charakter hatte?
Taschenbuch und Hardcover, 224 Seiten, auch als ebook lieferbar

"Das Rätsel Frau" – aus der Sicht des Mannes. Weil sie anders ist. Nicht nur anders aussieht, sondern vor allem anders denkt, fühlt, reagiert und entscheidet.

Taschenbuch und Hardcover mit 144 Seiten, auch als ebook lieferbar

"Fräulein QUAKIS Versuche ein Mensch zu werden". Geschichte einer Freundschaft zwischen einem kleinen Mädchen und einem Froschfräulein. Was so hoffnungsvoll begann, endet in einem Desaster. Alle Versuche Deutsch zu lernen scheitern. Wundermittel, Wallfahrten und Gentransplantion bleiben erfolglos. Sie bleibt ein Frosch. Und endet nicht wie der Frosch in Grimms Märchen. Taschenbuch und Hardcover mit 104 Seiten, auch als ebook lieferbar

"Adieu – Nichts bleibt ..."
Jeder weiß, dass Abschiednehmen zum Leben gehört. Sich trennen müssen von dem, was wir lieben, gewohnt sind. Wir verdrängen den Gedanken daran, aber es hilft uns nicht. Leben heißt sich verändern. Kommen und gehen wie Frühling, Sommer, Herbst und Winter. Wachsen und reifen und sterben. Sonst wäre es nicht lebendig, sondern tot.

In 38 Kurzgeschichten erzählt der Autor, wie er selbst und viele andere dieses ständige Abschiednehmen erlebten. Besser gesagt überlebten. Jedes Mal tieftraurig danach, gefasst oder reifer geworden in Einsicht und Charakter. Entschlossen Neues zu beginnen oder es hinzunehmen wie ein unvermeidliches Schicksal.

Taschenbuch und Hardcover, 187 Seiten, auch als ebook lieferbar

"Mann Gottes" Der Mann Theologe und Dozent an einer katholischen Akademie. Die Frau heimgekehrte Russlanddeutsche, verheiratet. Sie verlieben sich, begehren einander. Probleme bleiben nicht aus. Innere Zweifel, äußere Zwänge führen zu einem Fiasko.

Taschenbuch und Hardcover, 224 Seiten, auch als ebook lieferbar

Otto W. Bringer **Ich bin nicht der ich bin**

"Ich bin nicht der ich bin" Wer bin ich? Die Frage treibt den Autor um. Denkt und denkt und kommt nach vielen gedanklichen Pirouetten zur Erkenntnis: ich bin ein Mensch wie andere. Mal so, mal so. Wechselhaft wie das Wetter.

Taschenbuch und Hardcover, 83 Seiten, auch als ebook lieferbar